找回自己，找回親密

巴小波／著

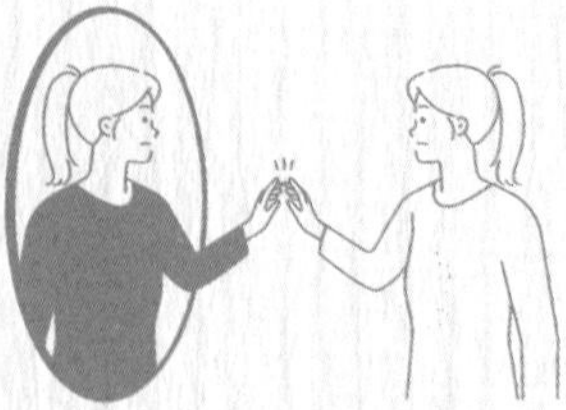

目錄

序

感情對我來說曾經是很期待卻又無能為力的東西。我可以在工作上有許多成長回饋、有能力完成自己的夢想，但我在感情的屢屢失敗卻讓我困惑。一開始我告訴自己是人的問題，再遇到其他對象就會不同，但每當看到那些感情長久的朋友，實在令我無比羨慕，同時也覺得或許是我缺少了什麼，以致於總是沒辦法遇到「對的人」。

當我開始學習理解人的內心、拆解與他人的互動、接觸自己的情緒時，才恍然大悟那些過往我所缺少的到底是什麼。

我不是缺少遇見「對的人」的運氣，而是缺少可以陪伴我的心智長大、教導我如何理解衝突的成人；缺少能讓我明白我的成長過程出了哪些問題的知識；缺少能向我示範何謂愛、尊重與接納的環境。成長在對關係與情感表達總是隱誨的文化中，我們對感情往往懵懵懂懂，像瞎子摸象一樣。我們各憑經驗在描述什麼是愛、什麼是喜歡、什麼是關係，但很難從資訊爆炸的世界裡明白感情的問題出在哪裡、對感情的理解是否正確，以及該如何處理衝突、如何才能擁有健康美好的關係。當我們對感情、對人的理解還很模糊時，只能努力地在感情裡掙扎生存，有人看來幸福美滿、有人覺得好像缺少了什麼卻又說不上來、有人覺得自己找到方法開心就好、有人一再失望，最後避之唯恐不及，每個人都付出了許多努力，但結果不一定盡如人意，最後似乎只能引用天海祐希的名言：「男人會背叛妳，但肌肉不會。」

當我開始在粉絲專頁上分享一些關於我的故事，同時說明一些相關的心理學概念後，偶爾會接到讀者私訊說我的分享對他們帶來很大的幫助。一開始我不太敢相信，也不理解自己的文字有什麼特殊之處，因為要說明心理學概念，臉書上有大把大把的諮商師可以追蹤，我不過是一個自學的素人。後來在與朋友的討論裡，慢慢明白我與專業人士的差異，在於我的分享不是旁觀者，而是當事人。**當我訴說自己的故事、拆解背後彎彎繞繞的思路、詳實描述我的情感轉折、說明背後的心理機制，與我有類似經歷或情緒的人會理解在自己身上發生的到底是什麼。在這個過程裡，我同理了他們，也陪伴他們梳理自己的思路與情緒**，這是我在分享之初，沒有想到的事。

在這個孤單疏離的社會中，我相信有許多人跟我一樣，缺少了陪伴我們的人、缺少理解的知識、沒有經歷過健康的愛。當現代社會忙著歌頌成功見證，這當中辛苦的過程、煎熬與失敗卻很少被討論，彷彿那些負面內容本來就不該存在。於是深陷情緒漩渦，在家庭、感情、友情這些關係裡痛苦掙扎的人，只會覺得自己更加失敗，並退縮到更深的角落。我希望自己這些赤裸、醜陋的分享，可以為這些人帶來一點安慰，我所經歷的事與前進的方向不一定在每個人身上都適用，因為我們都有各自不同的傷痛與掙扎，但若有一些內容能給人一些新的理解與發現，那就足夠。

書裡述說了我如何從對感情絕望，到嘗試找尋解決辦法、與朋友在關係中練習親密、遇見我的先生K，以及我們如何面對交往時產生衝突的經過。為了解開我在感情裡的「詛咒」，我的努力可謂瘋狂，不僅找朋友支持與討論，同時進行諮商、大量讀書、參加課程。一開始我無法篤定地說這樣費力的自我整理過程是正確的方向，但當我開始與K在交往中經歷衝突時，我慶幸自己當初決定踏上這樣一條艱難的路。

許多人會說：「把過去的傷痛挖出來有什麼用，過去又無法改變，回顧過去除了再痛一次以外還能怎樣？」我們終究要往前走，不能耽溺於過去。**處理傷痛並不是抓戰犯、叫犯人道歉，悲傷也不必然只能停留在痛苦無力中**，情緒被壓抑後的反撲常在意料之外且威力十足。我們很少關注過自己的內心怎麼了，很少看見那些創傷在自己心裡刻下了什麼，以及那些刻痕如何持續影響我們的現在與未來。我們很少好好陪伴自己哀悼那些心碎，收拾心底零亂的角落，當我們還處在混亂與失序中時，也無力看見人際衝突的原因可能來自於什麼。

此時，當我們再碰上一樣負傷的對象，彼此的傷痛互相糾纏，最終走向無法相互理解的相愛相殺。我們或許相敬如冰，或許心死分開，我們漠然地說：「關係不都是這樣？」但其實關係不必然如此，當我們學習看懂自己的傷痕，就能將自己該負責的部分收下來，把需要協助的部分坦誠地帶到對方面前。

當我們不再只看見對與錯，而把眼光放在彼此的傷痛、脆弱與需要上，關係就有機會帶來生命的改變，這樣的改變最終也有機會超越當初刻下信念的傷痛，這是治癒。

過去我陷在關係的傷痛裡沒有知覺。那些在原生家庭、過往的經驗裡刻下的傷痕讓我因此懼怕親密，覺得那讓別人可以剝削與傷害自己。因為創傷，我容易在親密關係裡懷抱罪惡感，而不自覺地壓抑自己、討好對方，直到我厭煩而決定結束。但在關係外時，我卻又因為需要支持與陪伴，而拋不下對親密的嚮往，因此來來回回打轉，親密成為痛中之痛。

當我遇見支持我的好友心心與K後，我嘗到不同以往的親密。那裡面包含了能支持我展現脆弱與真實的接納；我的想法被聽見、感受被承認的尊重；對方願意調整自己行為，好配合我當時狀態的溫柔；以及在這過程中所長出來的安全感與親密感。我在這當中看見自己為何難以溫柔、難以尊重、難以接納，我連結到過去，抓出當初在傷痛中未被處理的恐懼，讓我能更赤裸地來到對方面前，被對方看見、疼惜、接納，並用愛取代傷害，重新放進我心裡面。

那些接納與安全讓我逐漸拋去帶來恐懼的羞恥感，讓我不是因為恐懼不被愛、恐懼被責怪而努力，而是因為想更好地愛別人而努力。

親密本該如此，「當時夫妻二人赤身露體，並不羞恥。」（創世紀二章二十五節）。

1

成人

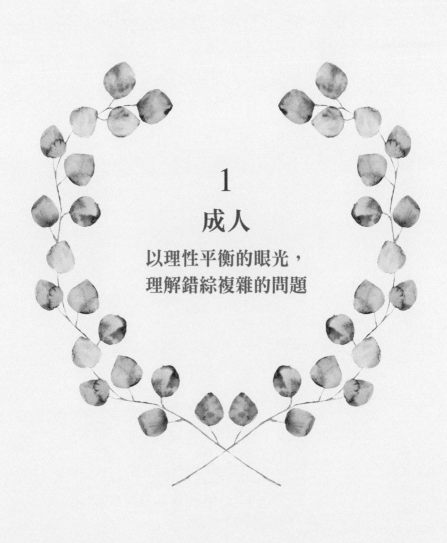

以理性平衡的眼光，
理解錯綜複雜的問題

一個良好的成人看待問題會有彈性、平衡的眼光，既不被許多「應該」綁住，也不被情緒牽著走。

理想狀態下，父母可以給予我們這樣的陪伴，幫助我們理解與學習處理自己的情緒，接納自己的好與壞，擁有健康的自我概念與良好的自尊，對人有真切的理解與合理的期待等等。

但當童年情感忽視普遍存在於我們這個世代、當我們的父母也在成長裡受盡創傷，我們的功課是帶領自己好好走過這些歷程，養育自己長大成人。

如果我們的成長歷程沒有被好好陪伴、想法沒有被好好梳理，在發生無法理解的傷痛時，唱衰自己「本來就不會有好事發生在你身上」、訴諸命運「我一定是被詛咒了」是很自然的結果，因為沒有一個理性、平衡的成人，帶領我們拆解複雜的情況、看見各個影響因素、理解問題核心，以致於我們只能把原因歸結在自己身上，否則怎麼解釋別人沒有發生、自己卻反覆出現的問題呢？

我是個一直很渴求愛的人，從國小就開始不斷進入暗戀、結束暗戀、再進入下一場暗戀的循環。幼小的我並不清楚愛是什麼，只覺得有人可以期待、可以想念，生活比較有重心，不會空盪盪的。在這個世界上可以有一個人屬於我、在意我、對我好，我也會對他這麼做，這就是當時我對感情所有的想像與期待。儘管這麼期待愛情，我的感情路卻非常地不順遂。

我曾經夢想自己能在二十六歲結婚、二十八歲生小孩，但現實總是與理想差距很大。學生時代我的感情機會雖然多，卻都異常短命，最長兩年，最短兩天。看著身旁交往動輒兩、三年起跳的同學們，我納悶、困惑、傷心——她們到底跟我差在哪裡？為什麼每個人在感情裡好像都很遊刃有餘，而我卻不曉得是哪裡出了問題。

當時我唯一想得到的原因就是：我被詛咒了。

我告訴自己：「妳被詛咒了，所以不要期待感情了！妳不會擁有的！」但心卻止不住對感情的嚮往，於是我一邊期待、一邊絕望，告訴自己：「好的東西，永遠不會屬於我。」

出了社會，感情的發生無法規畫，我只好忙著工作、忙著規畫未來。工作的回報遠比感情更加牢靠，能力的成長、職位的爬升、薪資的增加，都比經營感情與關係來得實在許多。雖然陸續有感情對象，但往往我喜歡的對我沒有回應，對我積極的我都沒感覺。一路忙過了三十歲，感情與婚姻，是越來越遙遠的存在。

我心裡有些徬徨與茫然，覺得是不是需要改變什麼？是不是過去該好好把握感情的機會，但已經到了三十歲，後悔也來不及了……增加工作歷練的同時，曾經的青春與天真也回不去了。

年紀越大，感情也不再像以前那樣容易發生，二十歲出頭的對象可以很熱血很直接，衝到面前來表達好感，但三十歲的人們，有好感後往往只有不斷地試探，除非覺得安全，否則不會有下一步，表達好感變得越來越隱誨。雖然比起年輕時，我有更多的資源打理外貌，但膠原蛋白與青春無敵的吸引力，都再也回不去。我不曉得未來是什麼樣子，開始擔憂起自己會不會一路單身，直到住進養老院。

我雖然從小接觸基督信仰，但直到二十九歲我才開始認真地認識信仰、認識神。我可以理解神不理會小時候的禱告，但三十二歲時，我已回到教會三年，對神盡心盡力，為什麼我這麼渴望，也為此流淚禱告好幾年，最後卻什麼都沒有？身邊的人一個個脫離單身，我卻被留在貨架上，我是不是真的被詛咒了？連神也拋棄我了？否則為什麼我的感情總是短命？為什麼沒辦法有一段穩定的關係？

當我再回頭看那段日子，我知道當時的自己要能明白這個問題背後複雜的成因，需要很大的力氣以及很漫長的時間，那包含了對感情的理想化、對關係的畏懼與疏離、過度將感情與自我價值綁在一起，以致於我難以把真實的自己呈現在關係裡等等。我一面築起高牆，一面怨嘆著自己的孤單，當時我無法看見背後錯綜複雜的影響因素，更難以拆解它們、做出調整，因此我只能得到一個簡單粗暴的答案：「我被詛咒了」，那就是我能理解的全部。

這是現代社會許多人的困境，我們孤單地長大，沒有人告訴我們哪裡出錯、可以怎麼調整，於是**我們責怪自己、對自己憤怒。其實我們缺乏的是一位理性平衡的成人，帶領我們拆解所面臨的困境**，以致於即使我們已經長大成人，卻仍依循孩童時期的思考模式。

我們最迫切需要的，是幫助自己長成大人。

2

理想主義

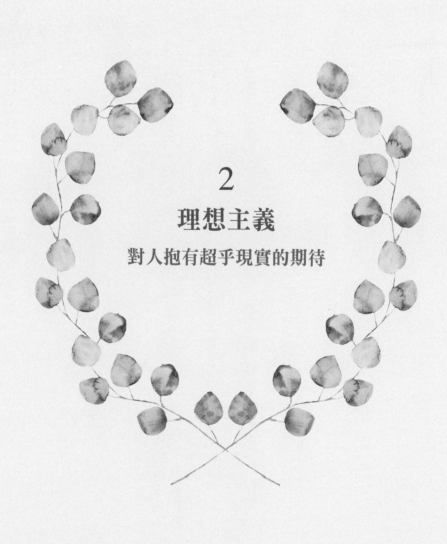

對人抱有超乎現實的期待

當我們缺乏與人的連結時，對人容易有超乎現實的期待，將我們的願望投注在這個理想的對象上，做為痛苦狀態下的心靈出口。

但事實上這些期待可能早就超過一般人能承擔或實現的，以致於我們一直活在「永遠找不到那個人」或「一直被人傷害」的失落當中。

從來沒有人跟我說感情是什麼，我對感情的一切理解與期待都是從各種漫畫、小說、偶像劇裡來。迷人、有能力的男主角意外喜歡上女主角，全心全意地付出，兩人經歷患難，最後有情人終成眷屬。這對我來說是美麗的夢想，生命有一天可以出現一個很愛我、我也很愛他的人，讓我不再孤單、心被填滿，也因此，我穿梭在一場又一場的單戀中，期盼想像中的那個人可以出現。

當我遇到高三男友石鹿以後，我對感情的期待從曾經很單純地「想找到我喜歡他，他也喜歡我的人」，澈底被拉高到另一個層級。

高三男友石鹿就像我想像中的偶像劇男主角一樣，聰明、人緣好、對我溫柔照顧。他表白時我還無法確定對他的感覺，但他尊重我的狀態、願意耐心等待，也不在約會時吃豆腐；他記得我提過因為中醫調理而不能吃的食物，為我點餐……這些用心與溫柔都讓我欣喜自己找到可以停靠的港灣，但這樣的溫暖並沒有持續太久。當我們考上不同地區的大學後，他向我提分手，並要我在臺北找一個男生好好代替他照顧我。或許為了不再想念他，大學四年我努力地參加各種活動、社團、機構受訓、打工、網路交友……想完成他的託付，交棒給新的對象，但最終都是失望。

我不確定自己怎麼了，雖然持續有人向我表示好感，我也努力花時間相處、認識，卻沒辦法心動。石鹿彷彿成為了一個標竿，當接觸對我表示好感的人時，都會覺得有些地方不對勁，比如：每天點一首歌給我，希望點滿一百首時我就會喜歡上他；當我在對方表達好感後說希望再多認識看看時，稱讚我沒有像其他女生一樣，聽到他是醫學系學生就撲上去；晚上在宿舍門口坐著聊天，手會自動摟我肩膀……因為石鹿對我很尊重、溫柔，會在了解我的狀態與需要後給予回應，我因此習慣了這樣被對待的方式，也容易在與別人相處時感覺到不舒服之處。

不是應該這樣嗎？如果喜歡一個人，就真誠地了解她的狀態、看見她的需要，而不是幻想式地、一廂情願地付出，也不該在未經對方同意的狀況下，隨意觸碰對方的身體，甚至用自己就讀的科系來哄抬身價。這些追求方式都不是真正在認識我、跟我相處，但為什麼這些男生卻覺得這樣能讓我喜歡上他們呢？在關係裡美好的經驗，反而成為一堵高牆，讓我難以輕易地跟別人在一起，即使在一起了，也莫名地早夭。

我的堅持聽起來既合理也正當，對我尊重、溫柔、願意好好地認識我，同時恰當地展現自己，我確實花時間跟這些對象相處，但若我一覺得有不滿意就抽身，那背後的心態是「挑錯」。

挑錯是站在「人應該要完美」的基礎假設上檢視一個人哪裡有問題，並在一覺得有問題時就否定與對方的可能性。這並不表示我們需要硬找出對方的優點，或是明明相處上有各種不舒服，仍堅持關係有可能發展，而應該是在相處及觀察時理解對方的個性與狀態，因為一、兩次的行為，不代表一個人的全貌。

當我抱持理想在找尋對象時，就像是拿著尺規找能完全符合標準的物品，而忽略了我所面對的是有各自特質的人。**人需要理解、溝通、磨合，人不是物品，這裡不喜歡就削掉，削不掉就換下一個**。在理想主義下，我只看見對方未達理想的部分，並在找不到符合理想的人時，覺得自己「被命運詛咒」「被神拋棄」。

我的理想主義，最終結束在大學畢業時，因為拒絕一個認真的追求者而爆發。我想起了學生輔導中心諮商師說的話，似乎在暗示我在感情裡太過堅持理想，才導致感情一直失敗，如果每一次拒絕追求者都只讓我想起石鹿，那麼不如放棄堅持找到「那個人」，日子會過得比較容易。離開校園那刻，我也離開了找到「那個人」這對我來說天真浪漫的夢想，如果我不再堅持，或許就比較容易擁有長久的感情。

這確實奏效了，我遺忘了曾經長期盤踞在心裡的期待，把自卑、自憐與痛苦鎖在心底的某個角落。直到三十二歲的我，再次因為自憐以及對神的埋怨，掀開了過往的記憶，發現了那個從來沒被動搖過的理想。

3

抽離

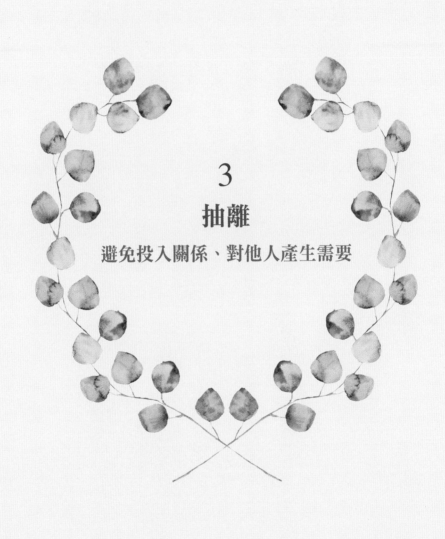

避免投入關係、對他人產生需要

為了保護自己免於受傷，人在缺乏支持與連結的情況下會選擇抽離，把自己與自身的需要、對人的依賴隔絕開來。因為依賴他人具有風險，且後果可能很難獨自面對及處理，因此抽離的人會避免投入進關係裡，避免讓自己對他人產生需要。

即使在關係裡，也很少提及自己的想法、自己的感受，並以大量資訊型的對話，如時事、八卦、活動，填充相處時間，以避免顯露自己的脆弱。抽離嚴重的時候，即使與對方花時間相處，對對方的了解與關係的深度，幾乎不會增加。

我曾經以為分手只需要哭一、兩個小時是成熟的表現，代表自己可以讓情緒很快就過去而不受影響，卻不曉得那其實是代表自己在關係裡的抽離。因為沒有依賴及需要對方，因此即使分手了，對生活的影響也都在可以接受的範圍內，但這不叫成熟，這叫抽離，因為若曾經付出過愛、認真地投入過，關係結束時必然撕心裂肺，心痛正代表自己曾真實地在乎與看重過。

在我放下對感情曾經的標準與堅持後，我迎來了幾段感情，享受當中帶來的快樂，也終於有維持超過兩年的關係，離開了感情短命的詛咒，我暗自欣喜自己已經走出來了。但在我開始學習整理自己以後，出現一位我有好感的對象，卻發現自己會故意疏遠或閃躲對方。我因此連帶想起過去對有好感的對象也都有這樣幼稚的舉動，明明想靠近，舉止卻是疏遠。刻意不看對方、不跟對方交談，儘管想要有互動，卻不自覺地表現冷淡，以致於我有好感時，跟對方的關係就停滯了。

我並不喜歡這樣的行為，反而希望自己能自在、勇敢地表達心意，不是忸捏地等待對方行動，我羨慕那些能這麼做的人，好像他們完全不在乎被拒絕的傷痛，因為在有好感的狀況下對方卻沒有積極地回應時，我會因此難過到想躲起來——我實在太害怕受傷。

回想了先前幾段感情後，突然覺得有點異樣。在我交往最久的一段感情裡，跟朋友、同事聊天時，我常常開口閉口都是我男人，但分手後，我卻只哭一小時就可以照常工作，生活不受影響。主管問我需不需要放假散心，我一臉狐疑地問：「為什麼？」當時我沾沾自喜，覺得成熟就是如此豁達，但細想這些以後，我開始懷疑，那是因為成熟嗎？

以前我不是這麼雲淡風輕的人。跟高三男友石鹿的關係即將結束時，我天天哭，在聽說他有新對象時，我甚至嚎哭到止不住的程度，一路哭著準備外出、哭著跟朋友碰面、哭到清晨六點。即使在十多年後，回想起當時的心情，我仍舊可以感受到心痛。我於是困惑，如果我真的成熟，為什麼會有這樣的差異，不是應該維持一貫的雲淡風輕嗎？

還是說，其實那不是成熟？

因為害怕再次發生我無法處理的傷痛，我對石鹿之後的交往對象，已不再像與石鹿交往時那樣依賴與認定。在與石鹿的關係裡，我曾經相信長久的感情，最後卻因為兩人考上不同大學而被迫分道揚鏢。再怎麼相愛又有什麼用？感情實在太脆弱，任何因素都有可能導致關係的結束，既然感情如此脆弱，我就必須做好隨時會結束的準備。

雖然還是我繼續與人交往，但我慢慢把自己的需要與感受隔開；我一樣外出約會，一樣聊生活，但我已經不再期待關係能維持多久，就像某首歌的歌詞說的：「愛卻一直沒有告訴我們，從第一天開始已經偷偷倒數計時。」為了保護心不再受傷，我選擇把心關起來，把它放在接觸不到他人的地方，如此一來，當關係結束時，心就不會被撕碎。

如今，**這份為了保障安全的抽離，卻阻擋了我與人的相處。因為害怕深入，使我與人的關係只能停在表面**。這樣的關係隨時能開始、隨時能結束，都不會讓人在意，我沒有非需要誰不可，也不會成為讓人需要的存在。即使我碰到「那個人」，對方會碰到的也只有我的疏離，他對我的需要也會因此被我阻擋在心門外面。我不想用這樣的冷漠對待那個人，我想好好地、用心地相處。但當我嘗試要離開這樣的自我保護機制時，才發現這根本不是能靠意志決定的東西。

就像麻痺已久的雙手，我或許能勉強挪動一根手指頭，卻無法移動整隻手臂。在與有好感的對象相處時，我下意識地閃避與逃開，即使勉強自己傳了訊息，也在對方回覆後就想關閉對話逃之夭夭。我辦不到，這是潛意識生成的保護機制，不曉得該怎麼關閉它，我想不到任何辦法可以解決這個問題。

最後，我能想到的辦法，只剩下禱告。而在那之後我的生活逐漸開始產生變化。

4

孤立與親密

習慣凡事不依賴別人的人，
很難走向親密

當沒有人知道我們真實的心情與狀態時，我們就是在孤立中。

孤立的人可以認識許多人、擁有許多朋友、與人交往、用許多活動塞滿生活，可以忙於工作、忙於旅遊、體驗生活，但卻沒有可以真實分享心情、將自己託付出去的對象。

擁有親密關係的人不一定交友廣闊，但願意開放自己被人認識，並讓別人陪伴自己的脆弱。在需要求助時，他知道該往哪裡去，也有歸屬的對象，並且能不武裝地到對方面前敞開自己。

我們的文化常讚許人的獨立，不依賴他人、造成別人麻煩，彷彿依賴等於軟弱，而獨立就是堅強。但**對人的需要是與生俱來的渴望，當我們拒絕對他人的需要時，就是把自己關起來，這樣的獨立，其實是孤立。**孤立常是軟弱的，因為沒有陪伴，只能自己吞下所有情緒，既沒有他人給予的支持，也缺乏了解如何處理情緒的管道，只剩下對自己的壓抑與責備。**當我們害怕麻煩他人的時候，其實削弱了自己與他人的連結，也斷絕了能支持自己的力量來源。**

我們常對親密關係有種刻板印象，直覺想像是兩個人無時無刻不黏在一起，比如手牽手去上廁所的好閨密，或是二十四小時都要在一起的情侶，但親密並不是這麼表面的行為。與人親密代表的是自己可以卸下武裝及防衛到安全的人面前，並知道自己展現的脆弱不會成為對方攻擊的目標。孤立的人會認為只要找到「對的人」就能進入親密，但已經習慣凡事不依賴別人的人，是很難改變習慣，接受別人靠近。靠近與親密甚至會帶來窒息感與恐懼，讓孤立的人被本能驅使想逃離。

在我察覺自己的自我保護機制會阻擋與他人發展關係後，無計可施的我只能回到原本的生活中。當時我擔任教會團契的小組長，正努力建立與組員的關係，也因此參加了小組員心心開的讀書會。在某次的讀書會上，大家對於某個議題意見不合。當時我主張捍衛自己的立場、辯倒對方，卻被心心阻止了：「這件事沒有絕對的對錯，辯論並不會讓對方心服口服，尤其妳想打碎的正是支撐她們走到現在的信念。」雖然心心的立場跟我相同，卻選擇溫柔地放過這個爭議，我覺得驚訝，也對她感到好奇。

心心正在讀心理諮商，心思敏感細膩，並不是我慣常來往的類型，甚至可能是會讓我想逃跑的類型。她參加小組活動時，身邊幾乎都會跟著另一個小組姊妹，那位姊妹從來不會單獨出現，也就是說，沒有心心就沒有她，這是我無法理解的行為。

我是個沒有閨密的人，且以此為傲。學生時代常看到兩個女生形影不離，去哪都要一起，包含上廁所，當時的我總是會取笑這樣的關係，覺得太過黏膩、太過依賴，不懂為什麼有些女生很愛這樣，甚至只跟小圈圈的人互動往來。我喜歡「獨立自主」的人，能擁有各自的生活，偶爾約出來吃飯聊天，分開時各自努力，有苦自己面對、自己處理。這樣的關係對我來說輕鬆自在，沒有負擔，而我的朋友們也都是這種類型的人，但心心不是這樣，雖然她也會發展跟別人的關係，但她也讓那位姊妹黏著她。

隨著跟心心的相處時間變多，我也越來越感到不安。和別人對話我可以聊工作、碰到的人、最近看的劇，但心心會問得更深入，深到像是我要在她面前脫光衣服才能繼續談話一樣，那種對人的親近、親密，好像黏膩的乳液擦在肌膚上一樣，才剛擦上去就想洗掉，讓我渾身不自在。有次，我好奇地問那位姊妹為什麼會時刻黏著心心，她回答我：「我相信心心，她是這世界上最不會傷害我的人。」

在一次聚餐裡，心心看著我與大家的互動，突然對我說：「妳在需要人與被人需要上很僵硬。」聽到這番話時我愣住了，不曉得該怎麼理解這句話，她又接著說：「但妳在面對面互動時很親和友善，補足了這個問題，感覺就不是那麼明顯。」我這輩子從來沒有那樣的時刻，對方說的是中文，我也聽得懂，但我完全無法理解她在講什麼，但卻忍不住勾起我的好奇心，因為她說的可能是一個一直存在，但我從來沒接觸過、甚至不曉得的世界。

在心心的提議下，小組開始讀《改變帶來醫治》這本書，以心理學為基礎，建立了解人內心的架構，包含與人的連結、人與人的界線、如何判斷好與壞、何謂長大成人等等。對過去從來沒有接觸過類似內容的我來說，讀這本書的過程又抽象又痛苦，不僅需要努力了解內容，也需要了解閱讀後所冒出來的種種疑問。

關於連結，書裡說「**連結是兩人可以分享最深的思緒、夢想、感受，而不怕被對方拒絕。**」這句話實在讓我覺得很抽象，於是向心心提起過去失戀時，有朋友陪我哭到清晨，或是大學諮商期間，室友會陪我聊諮商內容等等，這應該可以表示我有連結吧？心心不置可否，說：「或許在那個時間點有，但現在呢？現在如果妳突然發生了什麼事，妳會找誰而不會擔心給對方造成困擾？有誰是妳會固定分享妳的想法與感受的？」

我茫然了。過去在某些時刻曾陪伴過我的那些關係，並沒有留存太久，大家現在都有各自的生活，我也是。我享受一個人的生活，覺得自己這樣很好、很獨立，但有時候，也會不曉得要做什麼好、該找誰好，這種時候通常逛逛網拍、看看劇、玩玩電動，時間也就打發過去了。但這讓我接著懷疑：自己是現在沒有相連的關係，還是一直以來都沒有？但相連又是什麼？我不曉得相連是什麼，怎麼判斷我有或沒有？

接著，讀到界線時，我的困惑逐漸變成憤怒。書裡說「**如果一個人不能依附，則分離就沒有意義。我們先要成為別人的一部分，才能與人分離。依附感給我們分離的安全感和力量。**」我向心心據理力爭，我很獨立、我與人分離、我有界線，我甚至舉了自己在工作時，堅定地向廠商捍衛權益的例子來表明我很會踩住界線。心心搖搖頭說：「這不是界線，界線只能存在在關係裡，廠商跟妳沒有關係，跟廠商劃界線並不需要焦慮煩惱，害怕失去關係。」她繼續說：「妳不是獨立，而是孤立。在孤立的狀態下，不會有界線問題，因為妳的世界只有妳一個人，但界線是要在兩個人的關係裡才能存在。」這輩子第一次聽到有人說我孤立，我驚愕地說不出話來。

於是我跟心心提議：「我可以跟妳進入相連的關係嗎？我想知道那是什麼。」心心有點驚訝，問我：「確定嗎？因為相連的關係是有重量的。」我猶豫了一下，心一橫地說：「我確定。如果我不嘗試，或許永遠都會跟現在一樣，但我已經厭倦原本的自己了。」

這個決定，確實也是我走向親密的開始。這條路很長，直到現在已經結婚生子，都還是在婚姻裡、與朋友的關係中，持續學習克服在孤立時養成的習慣，讓自己更能與人親密。

5

述情障礙

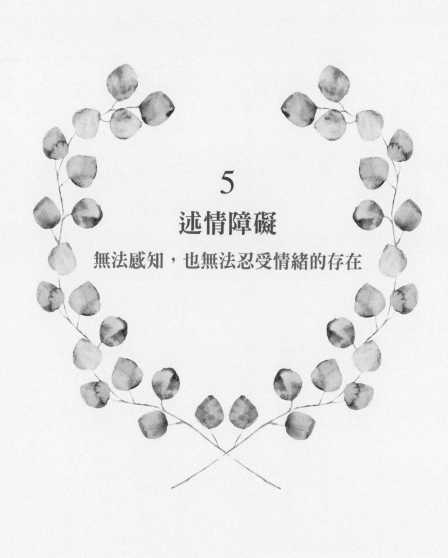

無法感知，也無法忍受情緒的存在

述情障礙指的是一個人在情緒上有所匱乏，不管是與情緒有關的知識，或是對於情緒的覺察。在最極端的情況下，一個人無法解讀自己的情緒，包括自己的情緒與別人的情緒。有述情障礙的人，他們不想或是無法容忍情緒，甚至無法感受情緒。

我發現有這個障礙的人通常都很暴躁，他們會毫無理由地就對別人大發雷霆，顯然這會破壞他們的人際關係。不過這也讓他們可以與其他人保持距離，即使會使他們覺得非常寂寞。（摘錄自《童年情感忽視：為什麼我們總是渴望親密，卻又難以承受》）

當我們成長在慣性忽視情緒的環境裡，會很容易對情緒缺乏感知。這樣的缺乏並不會影響生存，我們仍舊可以健康地長大、有好的工作、有一些朋友、組成家庭，但我們的生命會失去味道。情緒是生命的燃料，與所愛的人相聚，我們感到歡喜；做自己認同的工作，我們充滿熱情；失去在乎的人事物，我們悲傷；遭遇他人的冒犯，我們憤怒……情緒使我們真實地活著，但當我們失去對情緒的感知時，不曉得自己做的事是否使自己喜悅、所相處的對象是否令我們開心。我們不悲不喜，像機器人一樣地活著。

情緒不會消失，沒有被看見的情緒只是轉向更深的潛意識裡影響著我們，而且每個人能容納的情緒有限，因此當情緒要滿出來的時候，會變得暴躁易怒、低落沮喪。我們不曉得自己怎麼了，因為在心裡不被處理的情緒埋藏得太久，年代久遠早已不可考。無法感受、無法辨別、無法承認情緒，是我們這世代常見的議題，那也顯現出我們所共同經歷的情感忽視。

我一開始並沒有意識到自己的狀況，是去上了一門課以後才意識到的。老師在開場時提到想法與感覺是不同的，我不太理解老師的意思，老師接下來問大家：「你們今天來這裡看到我，有什麼感覺？」一陣沉默以後，老師點了一個同學，對方回答：「我覺得老師說話很親切，跟我想像中不太一樣。」老師說：「這是你的想法，我問的是你的感受，你看到我，覺得開心嗎？還是錯愕？還是有什麼其他的感覺？」那瞬間我明白了。

當我被問到感覺時，其實腦中冒出來的都是想法。我覺得老師跟我想像的不一樣，這是想法，這讓我覺得好奇、有趣、期待，這是感受；我覺得上課時間有點早，是想法，讓我覺得緊張疲倦，是感受；老師人看起來很親切，是想法，讓我覺得安心，是感受。當我們無法表達感受時，會在想法上不停地兜圈子。想法讓我們不斷評價外在、評斷別人的行為、別人如何犯下錯誤，以致於影響自己。但當我向內探索感受時，焦點拉回到自身，我的感覺是什麼？我處在什麼狀態裡？世界因此安靜下來，我需要學會看見自己，否則無法述說自己的感受。

當時我也在教會小組與心心越走越近。主日聚會結束的下午，我們偶爾會相約吃飯聊天。有天在某間校園裡散步時，我提到之前也常自己一個人來學校走走，她問：「那有我一起和妳散步，妳的感覺是什麼？」我仔細感受內心，有一種厚實、沉甸甸的感覺，一時不曉得那個感受怎麼形容，就回答：「有妳在的感覺重重的。」她只好再問我：「那沒有我跟妳一起散步，感覺是什麼？」我感覺到輕快、像是要飛起來的感覺，但我依舊不曉得該怎麼表達那個感受，只好回答：「輕輕的。」

我驚訝地發現自己對感受怎麼這麼陌生，從來沒有留意過自身的感受。如果問我的想法、觀點，我可以一下子就說出許多回應，比如「我覺得有人陪伴很好」「我很少有這樣的經驗」等等，但要我說出自己感受到的情緒是什麼，腦中除了空白還是空白，只有一些不成團的感覺，可以描述，卻說不精準。

在那之後，心心三不五時就會問我當下的感覺，我只好用力地感受，再絞盡腦汁地思考那份感受是什麼，把許多情緒辭彙拿出來與當下的感受配對看看，這個思考過程讓我覺得腦袋要燒起來了，但卻在過程裡發現我對情緒的認識極度貧乏，以致於腦中想得到的情緒辭彙只有生氣、開心跟難過，除了這三種以外，都是模糊的。因此當心心問我比較細微的情緒感受是什麼時，我就當機了。我有時會回答「我沒有感覺」，但仔細感受才發現我不是沒有感覺，只是說不出來，所以只好再補充「我不知道那是什麼」，也發現原來我幾乎沒好好注意過自己的狀態，對感受幾乎一無所知，而對這樣的忽略，我竟然已經習以為常了。

一開始，我對心心不厭其煩地詢問會有些煩躁跟埋怨，因為她每次的詢問都是在逼迫我放棄慣性忽略，回頭關注自己的感受，而那些感受我說不出來。但練習久了，我開始定義跟命名心裡的感受是什麼情緒，尤其是比較細微的情緒，比如安心、焦慮、自在、嫉妒、害怕等等，才發現原來自己的內心一直都存在著許許多多的情緒，只是我向來忽視它們的存在，以致於時常覺得「我沒有情緒啊！」

親密的基礎是建立在真實上，而通往真實的路徑正是從情緒開始。**當**

我們探索、明白自己的情緒後，才能讓別人真的碰觸到自己，那是進入親密的第一步。

小練習

1. 這本書看到現在，有什麼感覺？可以使用附錄的情緒輪盤找找看有沒有合適的辭彙，如果沒有，你覺得最適合的情緒辭彙會是什麼？

2. 回想自己曾經發生的三個事件（不拘發生的時間遠近及事件大小，首先出現在你腦海中的事件即可），找出這些事件當中，你有什麼情緒，每個事件至少找出三個以上的情緒來。

6

創傷

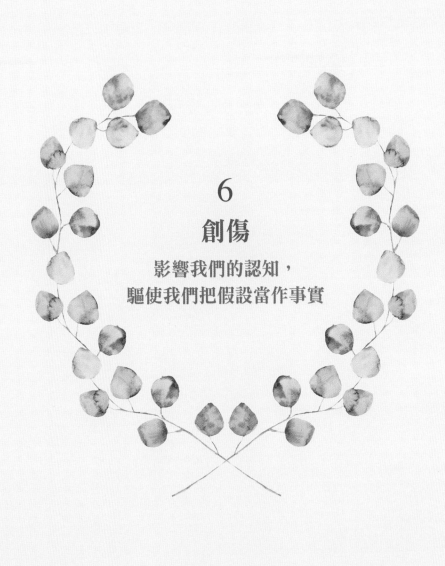

影響我們的認知，
驅使我們把假設當作事實

與人相處勢必會有大大小小的傷害，當我們沒有細細理解傷害發生的原因、對方與自己的狀態時，常會用單一、簡化的方式解讀創傷，並依循自己的解讀，避開認為可能會導致創傷再度發生的情境，例如避開某些星座、某些外型或職業的人、避開某些相似的關係。

創傷因此影響我們的行為、與人的互動，因為當我們避開的同時，也沒有機會再去驗證自己的解讀是否適切，創傷只會停留在最初的狀態裡，永久影響著自己。

我們一生會發生大大小小的創傷，從原生家庭開始，到求學、交友、婚姻、親子，各式各樣的人際關係裡所發生的傷害會讓我們變成驚弓之鳥，因此小心翼翼地在各種關係裡維持和平，避開那些很像過去曾給過我們傷害的人，或當某些情境出現時，就自動化地認定對方的態度與意圖就是自己過去碰到的那樣。

這些創傷因此默默地影響了與人的相處互動，我們將曾經發生過的場景無限制地複製貼上在各種不同的狀況上，於是認定別人說什麼話就代表要利用我們、做了某件事就是看不起我們，最後對方甚至不用開口，我們就會假定他是我們想像中的樣子。只要讓我們能聯想到某些過去發生的事，就會像套公式一樣，得出最後的結論。在我們反應激烈的同時，並沒有留意到自己已經把假設當成了事實。

在我決定走出孤立，學習親密，並與朋友心心約定好進入所謂「相連關係」的隔天，就開始恐慌跟後悔了。

那天心心傳了很多訊息給我聊天，因為怕她覺得被怠慢，我只好認真地每則訊息都馬上回，她回得也很迅速，因此我只好一直回應，沒辦法專心工作。我暗自惱怒，同時一股莫名的窒息感跟著湧上來，我恐慌到覺得以後會沒有自由、會被綁死。恐懼與焦慮感直衝腦門，我傳了訊息給心心，說：「能不能不要進入相連的關係？我後悔了。」心心馬上打了電話過來，詢問我發生什麼事了，我說：「妳一直傳訊息過來，逼得我只好一直回妳，我覺得很煩。」心心回問：「我有逼妳嗎？」

她有逼我嗎？我愣住，彷彿五雷轟頂。她沒有逼我，只是我覺得自己必須這麼做。

我回她：「如果我不回妳，妳就會生氣。」心心問我：「妳為什麼覺得我會生氣？我有說我會生氣，或表現出生氣嗎？」我再度五雷轟頂。她繼續說：「無論妳想像我是什麼樣子，那都不是我，我覺得很冤枉。」我瞬間冷靜下來，意識到我正在誤會別人，而且沒有任何憑據與原因。我為自己的行為感到震驚，以為我的認知都是正確的，但顯然不是。這到底怎麼發生的？

心心看我安靜下來，跟我說：「我傳訊息給妳是我想傳，要不要回都可以，可以挑妳方便的時候看，我沒有想要打擾妳工作。」對話結束了，這個事件卻持續在我心裡發酵。如果我的認知有誤，那代表我一連串的感受可能都有問題，於是我開始分析起那股似曾相識的窒息感從何而來。

高中時，同學優里試圖想跟我成為朋友，因此時常來找我講話或主動約我出去，那時心裡的窒息與恐懼，與現在對心心的感受一模一樣。這種感受從來沒在男性朋友身上出現過，只在部分女性朋友身上出現，但我想不到可能的觸發條件。我同時也跟心心討論，苦思了一、兩個月試圖找出原因，然後想到曾經聽過一個理論，是我們幼年與父母的關係，會影響到未來與該性別的人的相處。

我和母親的關係在我小時候十分惡劣，因為母親對課業非常嚴格、高度控制，以致我很少與母親有親密且安全地相處，我一方面渴望跟她親近，但相處時卻又非常恐懼。再加上跟女性朋友相處時發生過的挫折，使我對女性更加戒慎恐懼，而導致我只要跟女性朋友一對一進入比較緊密的關係時，就讓我想起過往的恐懼。我發現身邊的同性朋友大部分都屬於不會太過靠近、侵入我生活的人，但心心與優里不一樣，她們要求的親密，觸發了我深埋的恐懼，讓我全部的神經都尖叫著要逃跑，即使那份恐懼與她們無關。

我無法確定自己的推測是不是真的，但這個推論是所想得到唯一能合理解釋各種過往關係的最佳解。心心並沒有肯定我的推論，只是認真地聽完以後說有可能。

至今我仍然不能完全肯定自己做的推論，但我已慢慢學會質疑自己在許多事件或相處時自動化的推論，學習不用單一事件或全憑自己的想法來認定對方的態度或期待，而是觀察在各種情境下的為人與反應來猜想對方的狀態，可以的話，與身邊信任的朋友做交叉比對，再慢慢地磨出自己的判斷，讓我能還身邊朋友一個公道，也讓自己不再時時處在被害感中。

小練習

因為創傷過於疼痛，因此我們容易形成非常絕對的信念以保護自己免於創傷。但這些信念常使我們缺乏理解的彈性，反而導致我們與身邊的人發生衝突。嘗試回想一個過往的負面事件，並思考在這個事件中你的感受：

- 我是＿＿＿＿＿＿＿＿＿＿的。

（形容詞，在事件裡你如何形容自己，如弱小的、無助的、勇敢的、委屈的、孤單的等等）

- 男人是＿＿＿＿＿＿＿＿＿＿的。

（形容詞，在事件裡男性角色帶給你什麼樣的感受，如懦弱的、強勢的、無情的、有力的、溫暖的等等）

- 女人是＿＿＿＿＿＿＿＿＿＿的。

（形容詞，在事件裡女性角色帶給你什麼樣的感受，如慈愛的、冷酷的等等）

● 世界是＿＿＿＿＿＿＿＿＿＿的。

（形容詞，整個環境、文化，包含人、事、物等等給你的感受，例如冷漠的、危險的、溫暖的等等）

● 所以我必須＿＿＿＿＿＿＿＿＿＿。

（你因此決定自己要成為的樣子、採取的行動）

這些根據創傷發展出來的信念與態度，站在現在這個時間點再重新省思，是否還讓你覺得那麼絕對可信呢？

7

與自己失去連結

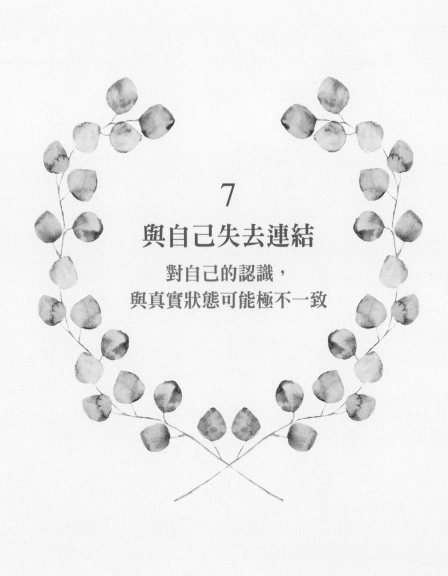

對自己的認識，
與真實狀態可能極不一致

當我們封閉自己的情緒，拒絕自己的需要與期待，會慢慢地的在這種忽視下與自己失去連結。

於是我們會少了很多堅持與需求，生活因此平順和諧，但同時也對自己到底想要什麼感到模糊；我們可以生活如常，但卻不清楚自己喜不喜歡現在的生活；我們難以處理突然爆炸的情緒，不明白心底的低落或煩躁與什麼有關。

我們或許會對自己有些理解與判斷，但那與真實的自己可能有很大程度的不一致。

如果在成長過程中，情緒沒有被好好地承認與接納，需求沒有被好好地看見與回應時，我們跟著學習到的態度就會是忽視自己。《公主向前走》裡將這個狀態描繪成一個被鎖在衣櫃裡的小女孩，因為她多話、吵鬧、愛跳舞，公主爸媽認為有失體統，公主只好把這個象徵著「自己」的小女孩鎖在衣櫃裡，才能滿足爸媽的期待，做個氣質高雅、端莊得體的公主。

這也常是我們的成長環境，我們不被鼓勵當孩子，而常被要求要像大人。為了討人喜歡，我們慣於隱藏自己的想法——說出別人期待的話，儘管那可能是違心之論；做出別人期待的事，儘管那可能是違心之舉……當忽視自己久了，我們越來越熟練，不論是感受、需要、期待，只要是關於自己的事物，我們的感知都漸漸變得遲鈍，直到我們感受不到、毫無意識，然後成為活在別人期待裡的人偶，**別人的肯定成為我們前進的唯一動力，因為我們已經捨棄了自己。**

在我與朋友心心約定好進入相連關係後，我們開始緊密地聯繫，她會到我公司樓下等我下班，我們一起用餐、回家，聊聊當天發生的事或是我的想法與感受，儘管明白自己對進入親密關係感到恐懼，從過往創傷而來的窒息感並沒有因為我的理解而消失，依舊無時無刻不存在著，但既然知道那是假警報，我就堅持繼續待在關係裡。

有一天，心心說要加班，因此晚上不會和我碰面，我反射性地說了一句：「這樣啊，真是可惜！」當我預期她會被這樣的甜言蜜語感動時，她卻問了我一句：「妳真的覺得可惜嗎？」

突然被反問的我愣住了，仔細思索內心的感受，發現我並沒有覺得可惜，甚至是如釋重負，因為我可以不用繃緊神經，也能有自己休息獨處的時間，但我竟然不經大腦，反射性地說了違心之論，這讓我覺得驚訝。同時，心心也向我反應先前她問我，我偏好用什麼方式聯絡，當時我回答視訊，但她卻在之後感受到我其實不喜歡視訊。

我驚訝地發現我對自己感到有點陌生。偶爾也有我不曉得自己為何憤怒，或為何掉淚的時刻，但我卻無法理解自己為什麼會有這些舉動和回應。我自以為了解自己，但在與心心的關係裡，這些理解卻一一被推翻。

我覺得自己界線很清楚，因為會跟廠商據理力爭地吵架，但其實我連跟心心說我要忙工作、先不回她訊息都做不到；跟心心說我喜歡的聯絡方式，卻與實際喜好不符；晚上不會碰面，明明覺得如釋重負，卻說了違心之論，想討好心心；我以為了解自己，但其實沒有。如果心心沒有那麼敏銳，她甚至會被我誤導，假如我無法承認我其實沒有那麼認識自己時，當心心提出她對我的困惑，我可能會把原因歸咎於環境、事件，或覺得是心心誤解我而拚命解釋。

我對自己的認知開始崩解，原來我選擇性地只憑某些單一事件來讓自己相信我為自己打造、我所喜愛的人設。我喜歡自己有能力、獨立自主、聰明堅強，但這才發現那是我選擇看見的面向，在我不願意看到的面向上，我會因為害怕不被喜歡而無意識地討好別人，這與我所相信的人設實在大相逕庭。當我把對自己的認知放到所有情境裡檢視，錯愕地發現那不是我，因為在許多情境下，我的反應並不那麼一致。

那麼真實的我到底在哪裡？

在那之後，我花了很大的力氣拆掉武裝，剝除精心打造的人設，嘗試在每個時刻看見自己。透過感知自己的情緒，來確認當下的狀態是否與理解的一致，驚訝地發現自己習慣性地對別人的要求說好，但其實內心充滿憤怒；發現在關係中即使不開心，卻因為害怕激起衝突、失去關係而選擇沉默；發現我很少主動開口說關於自己的事，因為擔心別人對我有負面觀感。**在我細心觀察與體會自己以後，我看見一個充滿恐懼、在關係裡退縮的孩子。我努力體會這個孩子的喜歡與不喜歡，在過程裡慢慢地找回自己。**

至今快十個年頭過去了，我仍然很難在當下就意識到自己的狀態，常會需要藉由身邊人的提醒，才發現自己焦慮、恐懼了。最先感受到我不同的，往往不是我，而是周遭的人，儘管我無法在第一時間發現，但回頭看見自我狀態的反應速度與一開始相比，已經快了許多。

與自己相連會帶來某種程度上的麻煩，比如我必須正視自己的感受，無法再待在有毒的工作環境或是關係中；必須正視心中真正在乎的事物，而無法再隨從主流文化，選擇高薪、體面但卻難以認同的工作。這是我極度願意為自己做的事，因為**看見自己，就是愛自己的方式**。

8

空虛感

不知為何而活，也不太享受活著

當我們習慣忽視自己，空虛感常會伴隨而來。我們既不曉得自己喜歡什麼、想要什麼，也無法與他人擁有有意義的連結，於是生活只剩下漫無目的的空虛，不明白生命是為什麼、不明白活著要做什麼。

當空虛感嚴重時，人會寧願自己不要活著。為了避免空虛感，我們會找尋其他的目標或慰藉，例如投身於工作、學業、外貌等等競爭中，或是找尋各種短暫的刺激如食物、購物、性，來逃避內心空虛。

但真實地捫心自問，其實我們不曉得為什麼要活著，也沒有太享受活著這件事。

很長一段時間，我偶爾會感覺到活著彷彿就是無盡的痛苦，沒有什麼值得期盼的事。奇怪的是，我並沒有嚴重的不順心或打擊，反而過著可能有些人會羨慕的那種生活：不錯的學歷、出國留學過、外型不錯、外商公司經理、薪水不錯，工作也有自由度跟挑戰性，我也喜歡我的工作。

但偶爾、很偶爾，我不曉得活著要做什麼。

在對好友心心長出了一些安全感後，我們的對話也越來越深入，在她種種細緻的探問之下，我安心地把許多悶在心底的想法都說出來，甚至是我這輩子從來沒跟任何人說過的話。在我表達對神的憤怒、對活著的疲倦後，心心問我：「如果哪天妳過世了，希望在墓誌銘上寫什麼？」我瞪大眼睛，覺得這問題好奇怪：「我死了就死了，寫墓誌銘要做什麼？」

「這是讓思念妳的人可以想念妳，陌生人可以認識妳的一段話。」心心答。

「沒什麼好思念的，大概也不會有人思念我，如果不是因為死亡的過程讓人難受，我也沒有想要活著，只是剛好沒機會死而已。」我這麼說著。

心心驚訝地看著我一副無所謂的樣子，我簡略地補充：「活著沒什麼好期待的，活著很累，死了反而好，還可以去見神。」於是，心心問我：「是什麼讓妳覺得這麼累？」

腦中再度一片空白。我從來沒想過這個問題，只覺得生活很累，但是是什麼讓我累，放眼望去，沒有任何可以看見的線索。我有一份好工作、過去有許多朋友幫助我、現在在教會裡也有好朋友，但還是覺得又疲倦、憤怒，想不到是哪裡出了問題，我一陣茫然。看我回答不出來，心心倒也沒有逼我，只是不斷聆聽著。我說了過往許多創傷讓我對幸福快樂不再抱有期待，說了那些一個人在深夜，孤伶伶地面對傷痛的日子，說了覺得被神遺棄的憤怒。期待只會帶來失望，所以何必期待，但如果沒有期待，活著又是為了什麼？

於是我不期待活著，痛快地死了反而幸福。

當我們忽視情緒，也會開始不認識自己，於是我們追逐的人生與自己真實的渴想與盼望漸漸脫鉤，因而難以在生活中獲得心靈上的滿足。為了避免空虛，我們設定了或大或小的目標，例如爬到某些職位、達到多少存款，或是吃到什麼餐廳、買到什麼東西，但可惜的是，因為我們並不認識自己，這些目標通常也與真實的渴望沒有太大的關係。目標達成時，我們會有短暫的喜悅，但不久後空虛再度來襲，迫使我們尋找下一個目標。

當時的我在陸續達成各種目標之後，剩下唯一一個遲遲無法達成的目標就是感情。這個目標雖然給了我盼望，卻也同時讓我絕望。我沒有連結、沒有歸屬的對象，也因為過去的痛苦而捨棄掉了對人的期待，因此墓誌銘對我來說毫無意義。既然沒有歸屬，我不認為我死了會被誰思念，又何必關心墓誌銘，那是留給活人看的，跟我沒有關係。**但當我把這些情緒坦誠向人傾訴，且對方願意認真聆聽時，連結就產生了。**

我平靜地說著過往的孤單與痛苦，眼淚不曉得從什麼時候開始掉，當我注意到的時候，眼淚已經停不住，心心往我手裡塞了一些面紙，並沒有說什麼，我知道她很認真地聽著。我沒有找到疲倦的原因，但人生第一次把這些藏在心裡很多年的話吐出來，卻讓我鬆了一口氣。我們沉默了很久，我累到不想再像以前一樣殫精竭慮地找話聊，只想自在地想到什麼就講什麼，想不到要說的，就沉默。終於，我感受到自己是放鬆、自在的，這才意識到原來我在面對人時，一直都是緊繃的。

在心理學家阿德勒的理論中，人的核心需求有四個：連結、能力、貢獻及勇氣。連結使我們的心靈獲得理解與支持，能力使我們理解自己的能與不能，貢獻使我們看見自己的能力對他人、對群體所帶來的意義，在這一切的發展與支持下，我們漸漸擁有挑戰未知的勇氣。無論在哪個部分停止了，都有可能產生空虛，因為時間對我們來說不再具有意義。

我們不喜歡當下的人生，也不曉得能期盼怎樣的未來。

9

新母親

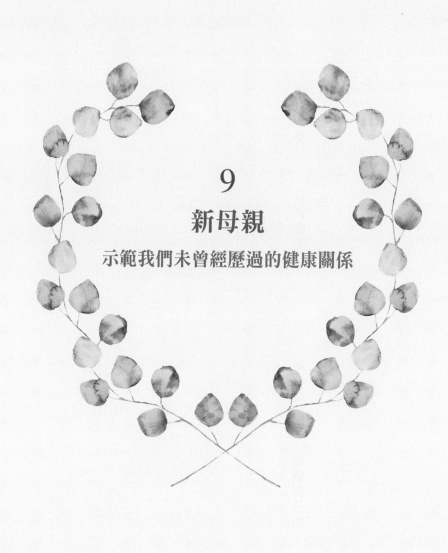

示範我們未曾經歷過的健康關係

沒有人的原生家庭是完美的，我們勢必在成長過程裡，都曾經歷或大或小的傷害。有些傷害可以在哀悼後自行修復，但有些傷害使我們沒有經歷到在健康關係中所發生的，例如愛、接納、尊重、理解。

我們無法做到自己不曾歷經過的事，而需要有人向我們示範，幫助我們體會與學習，然後我們可以將這些經歷內化，成為安頓自己內在的力量。《母親情結》將這樣的角色稱為「新母親」。

我曾經覺得自己擁有一個世界最悲慘的童年：喜歡四處探索玩樂的我，配上高壓控制、要求成績的母親，結果就是兩敗俱傷。長大後雖然我逐漸理解母親的難處，也與她修復關係，但卻仍然有種茫然的感覺。我成年了，母親責任已了，那心裡仍然有傷的我該怎麼辦？

這些埋在心底的疑問過了好幾年，在我開始整理自己以後才逐漸得到解答。我意識到成長環境與教養方式使得我沒有經歷過親密、理解、接納、尊重，以致於我從與親密對象的依附關係（展現脆弱、需要等與他人連結的能力）就出了問題，沒有體會過何謂「安全」，連對愛的理解也都是模糊與扭曲的。這些認知大部分是在與好友心心的關係中，搭配《改變帶來醫治》讀書會及各個心靈成長課中慢慢體會到的。

「心」是很特別的存在，頭腦可以單憑理智思考就調整改變，但心靈需要經驗，需要有意識地覆寫新的經驗，才能改寫掉舊有模式。**孤立久的人常習慣自己解決問題，但從人來的傷只有在與人的關係裡才能修復。**兩人坦誠分享彼此的脆弱、痛苦，使得我們走出自憐的小世界，得以透過別人的眼光，重新觀看發生在自身的事，也從別人那裡得到安慰。

在與心心密切相處的日子裡，她偶爾也會講起自己的成長故事。她提到對情緒的敏銳度，是來自於家暴背景，她以從小到大的經驗，學習判斷什麼時候是危險的，什麼時候人講的不是真心話。當我為自己從小的遭遇怨恨難受了二、三十年，心心卻笑著說出我從來沒辦法想像的成長故事。我驚訝地看著她，感受這個違和的情緒展現，背後也都是傷。

原先我以為自己是世上最可憐的人，每個人看起來都健康又開心，才不會有人會像我一樣這麼辛苦、背負這麼多傷痛，但我看著一直努力到現在的心心，才意識到在雲淡風輕的表面下，每個人都帶著自己的傷，需要以一輩子的時間為代價，努力去面對。原本我的自憐是期望有另一個人看見我、安慰我、把我扛起來醫治我，但現在我卻明白，每個人都有自己的傷要纏裹醫治與包紮，沒有誰該背著另一個人前進。**我的痛苦不是任何人的責任，是我自己的責任**。

在分享過往那些心碎的同時，我們沒有試圖淡化當中的痛苦。沒有粉飾太平地說「一切都過去了」「早就結束了」，沒有合理化地說「爸媽也很辛苦」，也沒有正面思考地說「傷痛也為我們帶來好處」。我們只是安靜地陪伴彼此，聆聽那些生命的痛楚，沒有建議、沒有評價、沒有硬擠出來的安慰。在這過程裡，我的痛苦被好好地聽見了，沒有被否定，沒有被強迫地正向看待。心心就只是單純地陪我，而在這當中，我看到聆聽、陪伴與接納該是什麼樣子，那是過往的我不曾經歷過的。

心心也會回饋她與我相處感到困惑的地方，繼續戳破我對自己的幻想，並陪我討論我不懂的心理概念、陪我思考我無法理解的朋友，以及對方的行為動機，這些討論成為我理解自己與他人的基礎。當我因為這些討論，再度發現那些連我都不認識的自己時，我已經從一開始的極度羞愧，逐漸釋懷到剩下一點苦澀的感覺。**我學習接納自己有好有壞，不以不好為恥**，因為心心向我示範了何謂接納，她把不好視為人的一部分，因此不會攻擊我的不好，而是誠心地想了解我。

我意識到與人相處的防衛與攻擊，在我與心心的關係裡沒有存在的必要，因為我在關係中是安全的，可以安心地分享我的過往、最深的思緒與情感，無論是對還是錯，心心都不會責備、指正我，也不會從關係裡撤退。她不給予調整的建議，只是順著我的思緒告訴我，這些想法會帶來的好處與壞處，幫助我釐清想法，讓我自行評估選擇。我開始體會何謂平等與尊重，即使她有心理學相關的專業，但也不會因此用自己的想法碾壓、控制我，反而願意時刻陪伴我，等待我的思考與決定。在大量的相處時間裡，可以自在地表達自己，不需要隱藏與包裝。

這樣安全的關係讓我重新經歷了過去在關係裡感到失落或扭曲的感受。過去，當我表達需要時，可能會被指責；當我表現出感受時，可能會被攻擊；當別人不喜歡我時，他們會悄悄地遠離我，或者粗暴地攻擊我。我在關係中曾經有太多的恐懼與害怕，使我情願與人保持距離，以策安全。即便曾經有朋友深度地陪伴我，往往也就是一個事件、一小段期間，我在關係裡的傾向並沒有因此改變。但與心心的關係，卻讓我看見了關係的另一種可能：坦承、學習、療癒。我可以是我自己，不用討好她，她也會待在我身邊，我可以依賴她，她不會傷害我。

人無法給出他所沒有的東西，我在原生家庭裡感到的失落，不是在原生家庭裡追討，而是在安全的關係裡辨認出我所失落的，並重新理解與學習。我們雖然都不是完美的人，但我可以在與不同人的相處裡看見當中健康正向的特質，並將對方對待我的方式內化到心裡，成為我對待自己、對待他人的方式。與心心的關係裡提供了大量的養分，使我從原本的尖銳嚴苛，逐漸變得柔軟溫和，最終我期待能成為自己溫柔接納的母親，養育自己長大。

小練習1

因為負面情緒太過痛苦，我們常用一些方法試圖扭轉感受，但那些方法同時也讓我們否定自己的情緒，而無法好好地陪伴自己。這些方法包含：

1. 否認：當做一切都不存在，例如「一切都過去了」「我現在很好」。
2. 合理化：為傷痛的發生找原因，並告訴自己那也是沒辦法的事，例如「爸媽也很辛苦」「他應該是壓力很大才會這樣」。
3. 正面思考：嘗試在傷痛裡找出正面意義，要自己快快認同這是件好事，例如「我也因此學到很多」「那對我也有幫助，我後來可以成功都是因為這樣」。

試圖要讓自己振作是好的，但當我們太急著要做這件事時，傷心就被壓制住，我們因此沒有好好地陪伴自己。

傷心就傷心吧！好好地哭、好好地哀悼、承認自己所失去的，反而使我們能更真實地與自己同在，而這也是在陪伴自己裡很重要的一件事。

小練習2

我們不一定都能碰到新母親，但我們可以尋找身邊是否有「安全的人」，能聆聽、接納、陪我們討論我們的脆弱、誠實地說出對我們的觀察，而不是急著建議、教導、定罪。

我們需要長期觀察與感受對方是否真的安全，當找到這樣的人時，可以嘗試由淺至深、慢慢地分享脆弱。

一個好的對象，會在給予回饋、一起討論的同時，仍然讓我們保有自己思考的空間，不會要我們認同他的想法、照他的建議執行。

我們可能不會有一位特定的新母親，但有可能在不同的人身上，經歷到不同的正向經驗。

10

保護機制

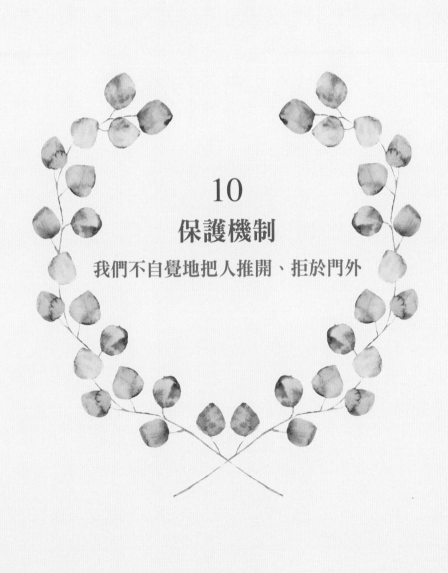

我們不自覺地把人推開、拒於門外

為了保護自己免於受傷，我們會發展出各種機制以保持自己覺得安全的狀態，比如懷疑他人的善意、合理化對方的付出、適度地拉開距離、不談論太多關於自己的事等等。

保護機制在我們無法擁有支持，或環境當中沒有能信任的對象時，能幫助我們妥善地保護自己。但當我們身邊有願意關心，也願意付出的對象時，保護機制反而讓我們不自覺地把對方推開、拒於門外。

在我擔任團契小組長期間，除了與心心發展出緊密的關係外，也有另外兩個姊妹跟我變得親近。她們常會在團契聚會結束後，拉我去附近的速食店續攤，分享彼此的近況，互相代禱。我由衷地感激她們對我的付出，覺得她們很關顧當小組長的我，畢竟一般組員通常都只是接受別人照顧跟服務而已。

不只是在團契結束後，她們有時也會在週末約我，甚至有一次是她們兩個想在下班後看電影，突然在我下班前，邀我一起去看。通常時間這麼趕的邀約我都會推辭，但她們由不得我拒絕，那天我下班時間一到，就拎著包包往外衝，狂奔到電影院門口會合，這樣難得的匆忙卻讓我覺得很刺激、有趣。

我和心心說她們人真的很好，還約小組長去看電影，很照顧小組長。心心問我：「妳不知道這是因為她們喜歡妳嗎？」我歪頭「嗄」了一聲，頭上冒出斗大的問號。

因為過往的各種傷害，我逐漸發展出一種保護自己的機制。當我因為分享了某件自己很開心的事結果被認為是炫耀後，我開始只分享自己的各種蠢事或糗事；當我因為別人表達的好感而喜歡上對方、向對方告白卻被拒絕後，我開始為別人的各種付出找理由，讓那些付出與「我」無關，好讓自己不再因別人的行為而有所期待；當我和別人變得親近後，我開始暗自定下各種標準，如果對方沒有按我期待的方式回應我，就代表對方不是真的關心我，或是早已不把我放在心上，並在相信了我的推論以後，自己疏遠對方。保護機制的範圍很廣，在我身上發展出來的保護機制，**最終目的是阻止我依賴、需要他人，好讓我不會因此受傷**。

保護機制如此自然、如此慣性，我從來沒有意識到它的存在，因此當心心問我這個問題的時候，我不覺得自己原先的理解有任何問題。姊妹們關心的不是我，而是「小組長」，她們擔心一直為小組付出會讓我感到很疲累，她們是客氣、是人好。當我這麼想的時候，我把她們的付出與自己切割開來，她們的友善跟關懷與我無關，那是給我所擔任的角色的。

其實，我是害怕失落。因為不知道如何處理失落，因此最根本的解決之道就是不要期待。當我這麼想的時候，就不會被她們感動而依賴、需要她們，也不會期待她們在未來對我有持續的關心與付出，更不會期待自己對她們來說是特別的。我也合理化自己的行為，認為若是覺得她們的付出是為了我，那是往自己臉上貼金、是自大。我學會把別人的善待與他們對我的好感拆開，並為他們的善待找理由。

這些保護機制使我難以留下別人對我的愛，我的心像是個持續漏水的池子，別人付出再付出，我當下感受得到，也能明白，但時間過去，別人沒持續有表示以後，水就漏光了，我又回到懷疑別人善意與付出的狀態。**其實不是沒有人愛我，而是我拒絕被愛，我的保護機制就是需要靠別人一而再再而三地追上來說他們喜歡我，才能認同他們是真的喜歡我。**

後來心心跟姊妹們說我一直覺得她們對我的好只是因為我是小組長，其中一位傻眼無言，另一位則氣到好一陣子不想跟我講話。

11

練習

用新經驗印證新信念

雖然我們理解過往創傷造成的某些信念不一定是真實的，但還是需要透過練習，才能用新的經驗印證自己想相信的新信念是真實的。

正如原有的信念是透過經歷刻進心裡，若我們想調整信念，也同樣需要經歷。

創傷不僅僅只是一段曾經發生過、現在已經結束的事。創傷會使我們產生許多想法，來解釋為什麼創傷會發生，這些想法如果沒有外力介入，會隨著時間慢慢形成難以動搖的信念，並影響價值觀、自我價值，進而卡進我們與別人相處中、成為破壞關係的殺手。**這些透過創傷形成的信念需要被抓出來，讓我們重新省思是否真實可靠、是否是我們想要繼續相信的信念**，否則創傷會繼續活在我們心裡面，從來沒有離開過。

高中時，我曾經發生過一件慘案。當時我跟同學優里有段時間的互動很頻繁，我心裡認定我們是好朋友，但也常被優里流放邊疆、不聞不問，因此向她索討更多相處，造成關係中的張力。我們從來沒坦誠討論過我們的關係與壓力，只有優里的忽近忽遠，以及我的欲求不滿。在某次約好一起去的活動前，我因為這些相處的壓力而臨時取消約定，累積已久的張力一次爆發，演變成優里與另一個同學在班級討論區洗了數百篇的攻擊文，我從此害怕讓人不開心，恐懼於表達感受與需要。

「別人生氣、不喜歡我，都是因為我有問題，是我不夠好。」

「我做錯事，別人要怎麼對待我都是應該的，因為都是我的錯、我讓別人生氣了。」

「我不可以表達我的感受，別人可能會因此生氣。」

「我是個很糟糕的人，自私又自我中心。」

這些從優里和同學來的評價隨著淚水刻進了我心裡，我開始在關係裡退縮，學會對自己的感受與需要閉嘴，因為那很危險。我學會講安全的話，比如稱讚別人、貶低自己或是說些八卦資訊。雖然在關係裡我沒有多開心，但維持表面和平，至少不用承受關係斷裂以及惡言惡語。

閉嘴、討好的我，很安全。

我一直在人際關係的夾縫中痛苦求生存，既要不讓別人生氣，又不能讓自己太辛苦，所以只能努力地讓自己不要太需要別人，暗自壓抑各種負面情緒，好讓我面對別人時是開心的樣子。我只能跟別人維持一定的距離，因為太靠近會讓我努力想維持的和平變得困難。於是我長期偽裝、長期孤單，我不曉得那是偽裝，只覺得活得很累。

與好友心心發展出來的關係讓我逐漸看懂了自己的狀況，卻也不想再繼續過這樣的日子，那是自我懲罰的牢籠，太累、太孤單。在心心的陪伴下，我回頭思索當初刻下來的信念，覺得實在荒謬又偏頗。

「為什麼別人不開心都是我的問題呢？」

「我讓別人不開心，別人就能霸凌我嗎？」

「我是不能表達我的感受，還是該學習怎麼適當地表達我的感受？」

「我是自私的人，還是無知的人？自私是項對人格的控訴，而無知單純是缺乏理解。」

當時正在進行的《改變帶來醫治》讀書會則提供我對健康的人的理解與想像。**我理解到對人有需要是正常的，我需要為自己的感受負責，而不**

是為別人的感受負責、不是每個人生氣了都會帶來關係的斷裂，也有可能反而促使溝通的發生。在嚮往健康的同時，也需要透過練習，將這些新的想法刻在心裡，但這非常困難，因為恐懼。

當時心心感受不到我對她的喜歡與在乎，有次就詢問了一個讓我感覺面臨生死交關的問題：「從一到十分，妳對我的好感有幾分？」這個問題就像女生問男朋友「我跟你媽掉進河裡，你會先救誰？」一樣讓我警鈴大作。看到我的沉默，心心再三保證她可以接受我的回答，無論答案是什麼，都要我安心地相信她，相信關係不會斷裂。心心殷殷期盼我的答案，而我心裡卻因為恐懼在上演人生走馬燈。

情緒的作用是提醒人「這裡可能發生問題了」，而提醒的依據則包含過去的經驗。經驗是千真萬確的，因此當類似的經歷可能再度發生時，湧上的情緒也是真實到彷彿一切再次出現。在極大的恐懼背後，我的想法是我如果誠實地表達我的感受，別人會生氣，一旦他人生氣，就可能會有可怕的事發生，而這一切都是我的錯。我知道這個想法不適用在心心身上，但我無法肯定自己的認知是否正確。

不討好心心，真的可以嗎？她可能會因此生氣，真的可以嗎？關係如果斷裂了，我能承受嗎？眼前是殷殷期盼的心心，心裡是這些問題不斷地迴圈，我愣了很久，最後心一橫地說出心底感受到的真實答案：「大概三到五分。」說出實話，是因為我不想再繼續過去的模式，是因為我想學習相信有人是足夠安全的，而我理智上也相信心心是足夠安全的人，即使狀況不如預期，也能妥善回應。**我做的就是練習照我想相信的去行動，而練習需要面對的挑戰，就是克服覺得創傷可能再度發生的恐懼。**但唯有練習，讓我們能把新的想法化為真實的經歷，覆蓋在創傷刻下的傷痕上，好讓創傷對我們造成的負面影響慢慢淡化。

心心點點頭說：「這樣啊，跟我想的差不多。」對話就這樣結束了。之後我小心翼翼地觀察心心是否因而生氣，或是故做大肚，其實內心非常在意，但事實證明，這件事情確實沒有影響到我們的相處，這讓我覺得相當驚奇，因為這是個里程碑，標示著我確實可以在與某些人的關係裡說真話。我為了相信自己想相信的，努力地跨出去，並且收到了好的回饋。

透過這樣一小步、一小步地練習，我開始建構一個不同以往的價值觀與自我價值。在這些新的信念裡，人不會因為有衝突，就輕易拋棄我或試圖控制我；**健康的關係可以容許兩人誠實地表達自己，不需要爭論對錯，而是看見彼此的需要與脆弱，找出兩人都可以解決的方式**；我不需要表現好才能被愛、被肯定；愛我的人願意聽我哭、聽我訴說我的痛苦，而這沒有什麼好丟臉的。在這樣的世界裡，我可以珍惜自己的情緒感受，並且相信也有人願意與我一起待在深淵裡，陪我一起走出來。那不是我過去的經歷，但我努力使自己想相信的事成真，成為未來的經歷。

十年了，我還在努力發現自己沒意識到的恐懼與焦慮，並持續練習。改變沒有戲劇性地降臨，但是正在一小點、一小點地發生。

12

深層情緒

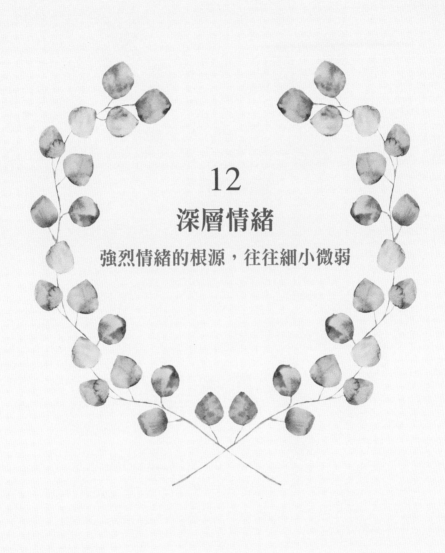

強烈情緒的根源，往往細小微弱

深層情緒是掩蓋在表層情緒底下，驅動表層情緒的真正根源。

表層情緒往往很強烈，我們也容易為這樣強烈的情緒找尋各式各樣合理的原因，因此迷失了隱藏在背後，較細微的深層情緒。

聆聽、處理表層情緒通常沒有效果，同樣的抱怨或類似的情境會反覆出現，因為根源的深層情緒，並沒有被看見，也沒有被解決。

情緒很單純，它是針對想法或現況的回應，但情緒也很複雜，在我們為強烈的情緒如憤怒、悲傷而痛苦時，很常以為那就是全部的情緒，沒有留意那些情緒並不是真正的源頭，因而一直在裡頭打轉。

當我在團契逐漸安定下來後，也在小組建立了很深的連結，好友心心與其他姊妹給了很大的支持與陪伴，讓我能開始面對許多過往的創傷，即使如此，每當想起剛到團契小組時的孤單，我仍舊會憤恨地掉眼淚。我對心心說了不只一次當時的心情，她總是安靜地聆聽，或是同意當時小組接待不善。但無論我向她說了多少次、她同理了我多少次，每次提起時，我的情緒依舊高漲。

心心試圖引導我正向思考，說在我熬過剛到小組、難以安頓的一年多以後，現在擁有的這些關係與溫暖，對我的生命是有益處的。我理解，但還是難以消除心底的憤怒。當時我剛回到臺灣，想努力重建曾在英國擁有的教會生活與朋友關係，小組的冷漠卻讓我整個人都凍呆了。我反覆跟心心說這樣的冷漠是不應該發生的，她也一直用同樣的說法回應我，卻始終無法有效帶過這個話題，每當我想到剛到臺灣因此造成的痛苦時，就要再叨唸一次。

某次，當我再度抱怨時，原本靜默的心心突然說：「我覺得妳的情緒不像是生氣耶！」我當下愣住了，她補充：「我覺得背後好像有其他的東西。」困惑了一下，我順著她的假設，開始試圖體會心裡除了憤怒以外，是否還有其他情緒。仔細感受後，發現我裡面有恐懼，再仔細感受那份恐懼的來源是什麼，我說：「我害怕會像之前一樣離開教會、離開神。」我為這個發現驚訝不已。

對這個信仰而言，我一直像是個在外流浪的孩子。先在天主教，之後在基督教，受洗以後又離開，接著又被神帶回教會，最後我才認真定下來，認識信仰、認識神。在外漂泊的日子像是風箏斷了線，看似自由，其實茫然，回到教會後，那條線接上了，我有了歸屬的方向，不再飄泊不定，但才安定快一年，我就回到臺灣。環境的轉變讓我充滿焦慮，我害怕回到以前那個沒有信仰、沒有神的日子，因此只能用我想得到的辦法要讓自己安心：複製在英國的信仰環境。

但每個組織都有它的獨特性，我一心想複製信仰環境卻不可得時，就氣急敗壞地認為團契與教會大有問題。我控訴他們失格、埋怨團契的聚會模式、抱怨小組太過冷漠，但無論別人怎麼苦口婆心地開導我都沒有用，因為真正的根源不在團契，也不在小組，而在於我害怕離開信仰的焦慮。

我一邊向心心訴說這些心裡的恐懼，眼淚一邊無法克制地流下來，我感覺到心裡累積很久的情緒終於被解開。說出來以後，我整個人像洩了氣的皮球癱軟下來，才發現那些卡在心裡已久的情緒，造成這麼大的壓力，我需要繃緊神經地存放它們，但我直到此刻才意識到它們的存在。憤怒消失了，取而代之的是一股心酸。我沒能好好理解自己，讓這股焦慮燒向小組同工及輔導，在他們身上扣上接待不周的大帽子，實際上只是為了包裝自己的需要。我的需求沒有正當性，但接待新朋友卻是合理的職責。

生氣、難過是最強烈的兩種負面情緒，當這樣強烈的情緒出現時，我們會習慣找尋戰犯，或是向外歸因，認為是所處的環境、身邊的人出了問題，又或者是向內歸因，認為都是自己的問題，是自己沒做好。**當我們拿著「應該」的大旗壓在任何對象上時，背後通常充滿了焦慮，焦慮則指出了我們的害怕，那才是真正需要解決的。**若我們讀懂那些隱而未現的情緒時，我們就觸碰到真正的根源、擁抱了自己。

小練習：

深層情緒需要像剝洋蔥一樣，一層一層地往下挖，才能脫離表層情緒的影響，看見核心的情緒與相關的想法。

1. 你是否有反覆述說卻始終無法排解情緒的事件呢？
2. 在這個事件上，請列出除了生氣或難過以外，其他你感覺到的情緒辭彙。

3. 跟這些情緒辭彙相關的想法或原因是什麼呢？（例如我的情緒是恐懼與焦慮，相關的想法是我害怕自己會離開信仰。）

4. 撇除情緒，客觀地思考自己的想法是否為真？

深層情緒另一個難以被看見的原因，往往是因為對情緒的排斥與不接納。情緒沒有對錯，它只是一個了解自己的線索，不要急著批判自我，擁抱傷痛，對理解情緒會更有幫助。

假如你身邊有人持續在同一事件裡打轉，無論你怎麼「開導」他，同樣的對話仍反覆上演，這代表現有的處理方式沒有觸及到深層情緒，可以嘗試：

1. 思索、猜測對方背後可能藏著什麼需求（可以從若按對方的期望，能達成什麼結果這個角度出發，而這個後果是否能解除對方的什麼焦慮或悲傷）。

2. 這個你猜測的焦慮或悲傷，據你所知，可能是從何而來？

3. 當對方無法採取自救的方式處理這份焦慮或悲傷，代表這樣的自救在他的所處環境底下可能是不被允許，或者會因此引發更大的恐懼，又或者對方還被困在過去的傷痛中因此無法掙脫慣性。

4. 理想狀態下可以在與對方核對後陪伴對方一起哀悼（請參考第三十篇），但若對方否認你的猜測，有可能這真的不符對方實際狀況，也有可能對方還無法接納自己，這時可以中性引導對方說出更多相關的想法，在過程中釐清或陪伴。

13

麻木

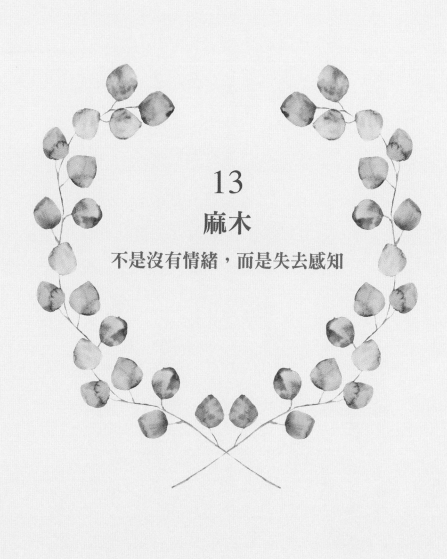

不是沒有情緒，而是失去感知

情緒是可以被忽視的，但當我們選擇這麼做時，不單是那些我們不喜歡的情緒，而是所有的情緒都會一併被忽視。

當我們習慣忽視，感受會變得遲鈍麻木。以致於我們對事情的反應後知後覺，或不知不覺，像穿了一層厚重的衣物，就感受不到觸摸一樣。麻木的人很常覺得自己沒有感覺，也常認為「我沒有情緒」。

我們在年幼時很少被教導要怎麼處理情緒，甚至當我們發出情緒時，常是被父母責備——生氣時，被要求理性表達，或者被要求先整理好情緒再跟別人互動；難過時，常聽到「哭沒有用」「哭能解決問題嗎」等。這樣的回應方式其實是越過情緒，直接跳到問題解決模式，於是我們學到情緒沒有用、情緒只會成為障礙。**當情緒被列為不受歡迎的對象，我們學會無視微弱的情緒，壓抑強烈的情緒，久了，就會對情緒失去知覺、麻木了。**

麻木不代表沒有情緒，而只是失去知覺。我們明明因為某些事覺得不舒服，卻只是覺得有點煩躁或低落而不知為何；我們可能感覺不到自己的偏好，因此當被問到想要什麼的時候，我們會說「隨便」「都可以」。麻木不會只針對特定情緒，而是全面性的麻木。為了阻止自己難過，需要一併阻止自己在乎、喜歡，如此一來，當我們失去時，難過也只會是淡淡的。**身在麻木狀態中的人並不會發現，除非開始有所警覺並刻意練習找回情緒。**

我曾和另一個朋友一起養貓，貓咪輪流在我們兩邊各待一年。照顧者如果有超過兩、三天無法照顧時，通常會送到另一個人家裡，一方面可以解決無人照顧的問題，一方面也可以讓對方有一些與貓的相處時間。

因為我連假幾乎都會回老家，輪到我照顧時，如果碰到連假，就會把貓交給朋友。朋友一向隨性，三天連假，貓咪有時候在他那裡待五、六天也是常有的事，連假結束時，面對空盪的房間，雖然偶爾覺得寂寞，但能理解朋友想跟貓咪相處，因此從來沒有說過什麼。只有一次，我向朋友抱怨了。

那次回老家，爸媽起了衝突，爸爸再度抓著我抱怨了許久，一講就是好幾個小時。夾在中間的我覺得厭煩，但這並不是第一次發生，因此我也像以往一樣默默地聽。木然地回到臺北後，貓咪也如往常一樣不在房裡。看著空盪盪的房間，不知為何，我心裡一把火就這麼燒起來，傳訊息給朋友：「又來了！每次都不準時把貓咪帶回來！老是拖延！」朋友看到我的訊息也火大了：「我一年裡就這些時間可以跟貓咪相處，妳竟然連這幾天都要跟我計較？」

我自認自己才是「合理」的那方，明明講好就是連假期間暫時照顧，連假結束了就應該要準時送回，我說他拖延一點都沒說錯！我向心心轉述了這件事，為免偏頗，我盡量沒有隱瞞與修飾、客觀地陳述了兩人的對話，心心並沒有反對我強調的「合理」，卻也提出朋友講的是「合情」，我們各據山頭，如果想爭對錯，恐怕纏鬥再久也不會有結果。

我理解心心的意思，但在討論的過程裡，卻留意到一個不尋常的地方：這不是第一次貓咪晚歸，卻是我第一次抱怨。

我的思考焦點於是轉向好奇，一樣是回老家、一樣是貓咪晚歸，為什麼我的反應卻跟之前不同？但思前想後，卻想不到有任何事情跟以前不一樣，真的要說，或許就是那次回家時，爸爸向我抱怨了很久。但我仍舊覺得說不通，因為這不是第一次發生，也不覺得自己的情緒受到嚴重的影響，我既沒哭泣，也沒生氣，若說這兩件事有相關，感覺像是在找理由開脫。帶著些微困惑，我向朋友提了回老家時發生的事，沒想到朋友竟然就諒解了我的抱怨，不再對我生氣，還叫我下次有這種原因可以早點跟他說……我驚呆了！

於是我與心心討論，卻在過程中驚訝地發現其實我一直都有情緒。回到租屋處時，我認為自己沒有情緒，但衝突發生後再仔細回頭感受，才發現有股隱約的煩躁。那股煩躁在當下是有感的，但它彷彿是無意義的存在，自動被我無視了，因此以為自己沒有情緒。如果不是這場衝突的發生，我無從發現原來心裡頭的情緒已經滿溢。

一個人心裡能容納的情緒量是有限的，就像是個池子，當情緒池蓄滿了被慣性忽視的情緒時，任何一點不順心的小事，都會讓人反應激烈、暴躁易怒。麻木不會立即產生影響，甚至可以使我們獲得一些好處，例如被說脾氣好、隨和。真正產生影響的往往是這些微小的時刻，麻木遮住了滿池子的情緒，讓我們把焦點放在與他人的衝突，並為了合理化自己的情緒而爭論是非對錯，但事實上，是讓他人代受自己高漲的情緒，而受害者常是身邊最親近的人。

想從麻木的狀態離開，需要敏感於自己的狀態，並學習標記情緒的名字。事後我發現之所以慣性忽視情緒，是因為我不曉得那是什麼，只知道心裡有一團模模糊糊的東西。

我慣性忽視壓力，直到我長期冒痘子、直到我心律不整、吃不下飯；我慣性忽視與人對話時的不舒服，直到煩躁到對身邊的人亂發脾氣；我慣性忽視焦慮，因為它已與我同在太久、成為日常，而沒有留意因此造成我長期胃脹氣。每個情緒都不是理所當然地能被感受、被明白，而是在生活裡一點一點地發現那些模糊的感受，抓著感受思索那是什麼，然後猜測它們的真實身分，接著肯定自己的猜測，最後為這些感受貼上屬於它們的名字。正面的、負面的、微小的，我都仔細察驗，這是一條漫長的路，但持續練習，會越走越快的。

小練習

你有下面這樣的狀況嗎？

- 情緒來得快、去得也快。
- 容易因為一些小事爆炸或不耐煩。
- 與人相處時大部分的話題環繞在抱怨。
- 空間時間不成比例的投注在某些事物（看劇、電玩、購物、工作等）上，甚至因此減少與人互動。
- 莫名沮喪、情緒低落。

這表示你裡面可能累積了不少被慣性忽視的情緒。不妨給自己一段完全空白的時間，問自己「你怎麼了？」「最近還好嗎？」並慢慢地等待感受或想法浮現出來，或許會得到令你驚訝的回應。

感受情緒需要長久持續的練習，才有辦法把切斷的感知接回來。可以嘗試每天寫下情緒日記，內容包含：

- 事件：簡單描述當天發生的事情。
- 情緒：事件帶給自己的情緒感受（使用情緒辭彙，可參考附錄的情緒輪盤），可以不只一個，越多越好、越細越好（開心、生氣、難過屬於大範圍且較強烈的情緒，如能體會到比較細微的情緒，例如委屈、無助、失落……會對恢復感知更有幫助。）
- 想法：與情緒相關的想法，對外界的想法（他憑什麼這樣對我、這件事莫名其妙、團隊的人都只顧自己……），或對自己的想法（我好像講錯話了、我很沒用……）均可記錄下來。
- 身體反應：情緒也會影響身體，例如肩頸僵硬、長痘子、失眠、脹氣、心律不整等。

14

情緒按鈕

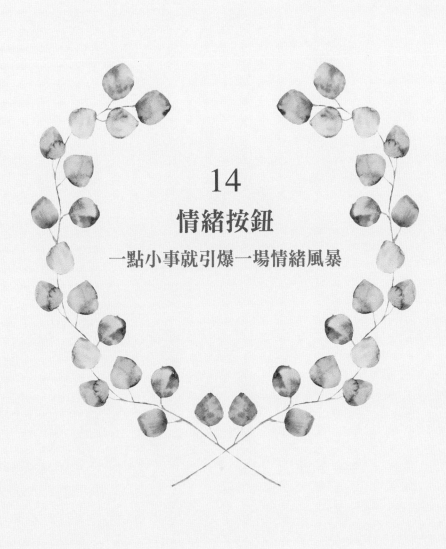

一點小事就引爆一場情緒風暴

當創傷沒有被好好處理時，未來只要碰到類似情境，都會把當時的情緒（舊恨）與引發事件的情緒（新仇）一併發作出來，強度非等尋常，稱為情緒按鈕，一按就爆。

我們不一定會察覺到那是按鈕，而可能以各種原因合理化自己的情緒強度，例如事件有多離譜、人有多過分。但若我們能留心到自己的情緒強度不成比例，情緒按鈕就能反過來成為我們探索自己的線索。

每個人都是有故事的人，而那些故事裡都潛藏著大大小小的傷痛，回想這些傷時，我們或許會笑著講述，或許不再像當初那樣哭泣，會覺得事情都過去了、沒事了，但遺忘不等於已經過去，無感不代表已康復。我們都一定曾經看過對小事反應激烈的狀況，例如被要求戴口罩就攻擊對方、走路不小心擦撞就要對方道歉，甚至變成肢體衝突、更常見的是聽到朋友或同事抱怨一些對方認為罪大惡極或誇張不合理，但我們卻覺得還好的事件。我們自己也會有這樣的時刻，但被情緒籠罩時，我們很少意識到自己的反應強度不合理，而這些不合理的差距，就指出了背後傷痛的程度。

在有傷的時候，只要碰到類似的場景、話語、態度，都容易觸發傷痛、產生強烈情緒。我們可以忘了曾經發生的事、場景，但心裡殘留的憤怒、委屈或悲傷都會使我們跳起來，我們或許直接發作，或吞下委屈或暗自垂淚或握拳生氣，但無論選擇怎麼回應，我們都很難無視那樣強烈的情緒。因為遺忘了過往傷痛，我們容易聚焦眼前的事件，我們可能會強調事件與對象的壞，甚至到妖魔化的程度，來合理化情緒強度，又或者**對自己**

的反應感到奇怪，納悶為何這樣的小事卻讓自己耿耿於懷。但其實眼前的事件並不是真正的原因，心底的傷痛才是我們真正要處理的。

在與團契姊妹心心進入親密關係後，頻繁的聯繫也讓我們的溝通問題加速浮現，這些問題在文字訊息往來中發生的頻率更高。

某次聽聞了一個朋友正猶豫要不要跟一位我們都認識的男性友人發展感情，但我和心心對對方的評價都不高，當時我就和心心討論，是否該主動跟那位朋友說我們的觀察。心心眉頭一皺，覺得不妥並說：「妳何時這麼擔心別人了？」我馬上向心心表達這句話讓我覺得受傷，心心隨即說了抱歉並表示自己只是在開玩笑，但她也希望我明白，如果我這麼做，會很像在背後破壞別人的名聲。

事件並沒有就這樣落幕，不久後我們又因為一件非常小的事情起了衝突。當時我正沉迷於一款鼓勵走路的手遊，發現網路上有賣可以晃動手機，偽造步數的裝置，覺得有趣之餘也有點心動，就分享給心心看。她看了連結，回了幾句「妳很急？」「是有沒有那麼懶？」我看了訊息以後再度被激怒，心心回應：「如果妳覺得不舒服那我可以道歉。」我的怒火澈底被點燃。

這些說法都讓我覺得自己被針對，句句都帶著對我的評價，甚至最後連道歉的方式也像是在說這些說法沒有問題，只有我會覺得不舒服。我越講越氣，訊息洗了整個對話畫面，再連續傳了十張噴火貼圖。心心除了道歉外，也強調我想像出來的口氣與態度，都和她想要表達的不一樣。我瞠目結舌，無法想像這些話還可以怎麼和我想像的不同。

心心得了空趕來找我，當面演出她說那些話時的口吻與態度，我非常錯愕，因為確實如她所說，我完全想錯了。當她說那些話的時候，就是她常有的說話方式，如此輕鬆自然，我從不覺得她有敵意或帶有評價，但當同樣的內容搬到網路上，剝去語氣與態度時，只剩下尖銳冷酷的文字，讓我直接判斷她對我不懷好意，我對事件的解讀與事實差距如此之大，但這兩種解讀對我來說竟然都真實地成立：我看著心心與我的對話紀錄，仍舊可以感受到訊息背後我感受到的敵意，但無辜地站在我眼前的心心，將那些文字說出口時的語氣與態度，也令我可以感受到她根本沒有我想像的那種意思。

我感到極度錯亂，也意識到自己對事件的詮釋出了問題，是我的詮釋讓我感受到被冒犯，但這並不一定是客觀事實。當我陷入有敵意的詮釋時，我妖魔化了心心，她成為一個刻薄、自大、粗魯、冷酷無情的人，與我這幾個月密切相處，認識的心心完全相反，但我卻相信了自己的想像，絲毫沒有覺察當中的不對勁。

我納悶，這些詮釋究竟從哪裡來？

同段時期，與同事也發生了一起衝突。坐我隔壁的男同事打了一個響嗝以後，開玩笑地說：「都是因為坐在巴小波旁邊，我被帶壞了。」我因為長期脹氣，雖然打嗝時會緊閉嘴巴，仍然會發出聲音，我為此困擾，沒想到卻成為同事開玩笑的哏，我憤怒不已，卻不知如何妥善表達怒氣，只好刻意憤怒地敲打鍵盤。強烈的殺氣嚇到同事，他跑來道歉，我卻警覺到自己的不對勁。

這確實是個不合宜的玩笑，但極度憤怒卻讓我氣到連手都在發抖。引發巨大怒氣的事件，竟不成比例的小——這是個不合理的反應。在試圖撈取憤怒背後的情緒時，我發現裡面有很大、很強烈的委屈，是這份委屈驅使我產生憤怒。屬於同事製造出來的委屈，其實只占一點點而已，他不巧在火藥庫裡丟了菸蒂，但火藥庫不是他該負的責任。

我拿著那份委屈去比對這份感受在過往哪些事件裡也曾出現過，發現不計其數。從年幼、求學到長大，在我被誤會、不被理解時都會出現，情緒隨著不同事件，一次次地堆疊累積，成為火藥庫。這些累積的情緒使我極其敏感，在我覺得被誤會、評斷、欺壓時都會爆炸。不小心誤觸按鈕的人無辜成為龐大怒氣的受害者，同事如此、心心如此。若我一直沒有看見這份隱藏起來的委屈，它不曉得還會再炸到多少人。

當覺察到那份深埋的委屈，我才有機會擁抱那個在過往孤單裡受苦的自己，看見當中的悲傷，不是所有人都能好好地理解我，但我可以選擇與願意聆聽我的人在一起。**在意識到自己的按鈕後，就有機會切割情緒的強**

度，**分辨哪些由當下情境而來、哪些由過往傷痛而來**，並留意到未來當我覺得委屈時，對方是否真的如想像中那樣粗暴與壓迫。

回顧和心心的對話訊息，才注意到我在盛怒之下，完全忽略心心說的一段話：「我否認妳對我的假設與認定，如果我真如你所說，那樣認定妳，根本不可能做朋友到現在。妳的『覺得』很關鍵，誠願我們的關係有足夠的愛和信任，是能澄清和確認它的。」

誠願未來的我能不片面決定我要相信的現實，懷抱著核對真相的勇氣，去面對自覺被傷害時的脆弱，良善地對待陪在我身邊的人。而這一切，需要我能敏銳於情緒的合理性，省思是否背後有被忽略的傷痛，才能讓我柔軟地面對滿心憤恨的時刻。

小練習

1. 你有所謂的「地雷」嗎？除了憤怒以外，每當地雷被觸發時，還有什麼其他的感受呢？
2. 過去曾發生過哪些事情也給你一樣的感受？你能回想到最早產生這個感受的事件是什麼嗎？
3. 現在的你、做為旁觀者思考這個事件，是否有看見當時的你沒有理解到的事？

15

錯待

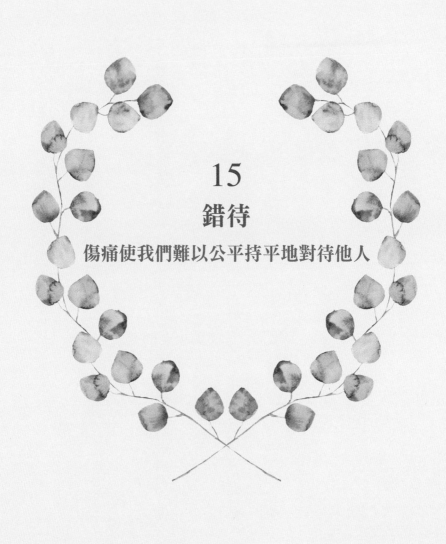

傷痛使我們難以公平持平地對待他人

每個對象都有他在關係中所屬的位置。根據對方的年齡、角色、互動狀態、關係現況等，能抱有合理的期待以及對待方式。

但當我們懷著傷痛接觸他人時，很難公正持平地對待對方。或許會有不合理的期待、不恰當的需要、錯誤的印象，影響了與對方的關係，甚至造成彼此傷害，這就是錯待。

我曾經對一個學長懷恨十幾年。我可以細數他對我的虧負，覺得他沒有資格幸福快樂，因為他的欺騙，造成我極大的痛苦。儘管後來再交了其他男友，偶爾還是會在夜深人靜時想起曾經發生的事而哭著睡著。

那是在網路上認識的學長，我們陰錯陽差地從我剛上高中開始天天通信。書信往返間，我們分享彼此的生活與想法，這種心靈樹洞的存在，以及密切的聯絡頻率，讓我對學長產生了從來沒有過的親密感，儘管這只存在於網路上。

學長曾在情人節時要求做一天的男女朋友，我將這個邀請視為他對我懷抱好感的證明，在學長升高三的暑假向他告白，卻出乎意料地被拒絕了。學長說同時間也有另一個學姊向他告白，但他希望專心在課業上，因此不想進入感情，也害怕這段始終都在網路上的關係，若搬到現實世界裡，將難以保有美好。我含淚尊重他的決定，但變得尷尬的關係即使不搬到現實世界，也早就回不去了，我們在勉強來回了幾封信後，就斷了聯繫。

半年後，高中好友告訴我學長交了女友，是當初和我同時間向他告白的學姊，雖然學長一開始拒絕了，但不久後他跑去挽回、要求交往。聽到這個消息的當下，我震驚、錯愕，發呆了半個小時無法對同學有任何回應，也不曉得該如何理解這件事。我覺得學長欺騙我、違背他說過的話，因此再度寫信給他。學長解釋說高三沉重的課業壓力，讓他需要一段關係來陪伴自己，才不致於被壓垮。又說他也深感意外，但從未想過要欺騙我，我吞下了心裡的憤恨，含淚接受。

聯考後，學長被分手，我們重新聯絡上，我試圖安慰、關心他，但卻被他拒絕。他對我說：「不要安慰我，因為我會分不清楚是喜歡妳，還是想要妳給的溫暖。」我聽話離開。一、兩個月後，我被同學拉去參加她和她學姊的家聚，學姊帶了新男友來，竟然就是學長。因為學姊和學長本來就是不錯的朋友，在學長失戀後一直安慰他，兩人最後就在一起了。

我心痛了非常長一段時間，那是我人生第一次遭遇這麼大的欺騙，這當中產生的心碎與憤怒，對一個高二女生來說實在難以承受，也對我產生了非常大的影響。在關係裡彼此暗示的好感、曾經的曖昧，我以為是真實的，最後卻換來連續兩次的欺騙，我因此決定，無論別人行為如何，都不再「誤會」別人對我懷抱好感，因為這令我感到十分羞恥、丟臉。

從十七歲開始的十多年，我走不出這份痛苦，每當想起都令我憤怒地直掉淚。在開始整理自己時，我請好友介紹諮商師，幫助我更快整理那些無力處理的過往。即使已經過去十五年了，但提及這段回憶時，我還是會聲淚俱下，諮商師同情地聽著，遞了一包面紙，等我說完以後，她問我為什麼已經過了十幾年，談到這件事還是這麼激動？我氣憤地回答，因為這對我來說太過痛苦，於是她問我一個問題。

「為什麼妳會對一個高中男生，抱有這麼高的期待？」

這個問句把客觀思考拉進事件裡，我呆住了，突然意識到當中的不合理。我期待一個十八歲的男生能完全了解他自己，知道自己要什麼，並且言行一致。就算是多活三十年，又有多少人能做到這件事？我將這麼理想的期待加在一個高中男生身上，卻從來不覺得有任何問題。

討論進展到我為什麼會將又大又難的期待放在學長身上而不自知？

於是我細細回想了高中時自己的狀態。那時的我在原生家庭裡很少感受到親密與陪伴，長期孤單下，我渴望有一個人、一份關係，能讓心溫暖起來。與學長的關係，恰恰填進了當時心裡的洞，從天天通信建立的親密，讓我把對家人的期待轉移到學長身上。我渴望關心、在乎、歸屬，但這些渴望，都不是學長該背負的責任。

事件的表面是學長欺騙我兩次，我很方便地拿著這張王牌哭訴遇人不淑，卻沒看見事件的真相是我意圖捆綁學長，壓著他完成我對家人的期待。過了十五年，我才發現自己根本錯待了他。**我的家庭、我的痛苦、我的渴望，不是他的責任，是我的**。

我以為自己當初愛得很深，但以現在的角度來看，那稱不上愛。我從未真正理解過他，也沒有站在他的角度思考過、感受他的心情與痛苦。我愛的是自己的想像，而非真正的他，他只是我用來愛自己、滿足自我期待的工具，當這個工具背叛我的期待，我因此開始怨恨他，這才是在這段關係裡真正發生的事。

這是錯待，我沒有給予他尊重，在關係裡也沒有理解與接納。**我拿著一份理想壓在他身上，不符理想的部分就成為他犯下的罪**。在那個青澀的時期，從我而來的罪惡感或許就這樣刻進一個十八歲少年的心裡。真相竟然是如此，十多年的恨意顯得荒謬，我感到無比慚愧與抱歉。

我呆坐著，腦中轉著這一切，諮商師突然握住我的手說：「妳不要太責備自己。」那個年紀的我，無法明白這背後錯綜複雜的心理機制，但三十多歲的我已能看懂。**不需要責怪自己無法理解也無法做到的事，因為那本來就超過我當時的能力範圍**。

看見錯待後再思索過往的感情，突然間看懂了自己一直試圖用別人來彌補自己的缺乏與需要。當一個有能力有地位的人出現時，我渴望用對方的地位來填補我的自卑；當一個對我親切、時常關心我的人出現時，我渴望對方的照顧，來填補我的孤單。我看見對方一部分的特質，就把自己的想像與期待攀附當中，卻沒有好好地了解對方。我的愛從來就不是愛，既沒有真正認識過這些對象，也沒有真正認識過自己。我擁有的感情只是反映出自身的匱乏。我缺少了什麼，就往感情裡去要、索討。如果我一直用這樣的態度在面對感情，我永遠沒辦法真正地善待他人。

我與傷痛和解了，也明白自己該背負與面對的事，重新上路，期待未來能更好地對待自己，善待生命中的重要他人。

16

權威與全好全壞

當有人成為我們的權威時，他就成了全善全好的存在

在某方面學有專精的人稱為權威人士，我們身邊也不乏一些有特長特質、令我們欽佩的對象。在我們心裡認可對方的專長、特質後，他們因此成為我們的權威，我們信任他的評斷、仰賴他的建議。

在還未成熟時，我們容易把權威視為全好全善的角色，而忽略了權威的特長只限於某方面，權威仍是充滿軟弱的人。

在幼兒階段，我們學習以「好」與「壞」來判斷人事物：給我糖果的是好人，不帶我出去玩的是壞人，這對大腦尚在發展中的幼兒來說較容易理解，我們因此學習建立價值判斷、知道規矩。隨著年紀增長，假如沒有外界協助，很難跳脫這樣的思考框架。

但世界並不是非黑即白，好與壞的二元思維不能完全套用在所有事上，因為一件事往往有好處，也同時有壞處，一個認真做事的人，也可能同時是以完美來壓迫團隊成員的人。好壞並存，是世界真實的樣貌，但假如我們還保有兒時的二分法，將難以理解人事物的全貌，因為我們的了解，往往在蓋下「好」或「壞」的印章時，就停止了。

我們很難把一個人的好與壞拆開來看待，當一個人有好的部分時，他就是好人，當一個人有壞的部分時，他就是壞人，這稱為全好全壞，當權威配上全好全壞的二元思維時，可能成為災難。在思考力與判斷力還在發展的時候，我們仰賴身邊的權威告訴自己該相信什麼、如何思考。生命一開始的權威是父母，隨著成長，我們理解父母有他們各自的議題，推翻了父母權威的角色，卻不一定推翻我們對權威是全善的想法，因此當再有權威令我們失望時，我們為此憤怒，權威過去的好消失了，剩下眼前這個不符理想的壞人。

生命本就需要教學相長，我們看見別人的特長，因此羨慕，並學習往那個方向前進，但這有可能使我們將對方視為權威一樣依賴，而忽略了對方仍然有自己的議題，就像父母一樣。

在我發現自己沒有好好地認識並對待感情對象，以致於錯待他們之後，我也回頭思考對過去重要他人的認識是否全面，包含高中對我來說最重要的兩個人，同時也是給我重大創傷的人。

高中男友石鹿在我心目中是個溫柔、凡事以我為優先考量的人。因此他可以記得我說過中藥調理時不能吃的東西，不用問我就能幫我選好飲料；我在經歷了對學長的失戀後，說我需要時間知道自己的感受，因此還沒辦法答覆他的告白時，他沒有在約會時趁機吃豆腐，而是尊重我的表達與意願。聯考放榜後，我們考上不同地區的大學，他提出分手，說他無法想像我在北部認識新的男友，留他在異地獨自面對空缺的感情。於是我將分手歸諸於命運，認為即使再相愛的兩個人，環境一改變，也只能被迫分開。

高中朋友優里則是我人際關係上的導師。我在班上無禮的行為引發同學們的不滿，在感受到大家的敵意後，我不解地問優里大家怎麼了，優里說明我的哪些舉動讓同學們覺得被攻擊或被針對，甚至他們對班務的自願付出卻被我當眾嫌棄。我愣住，從來沒有人告訴過我要體諒他人的感受，我只是做自己覺得好玩的事、直接說出自己的想法，卻因此傷到了周圍的人。我對大家感到抱歉，也感謝願意教我的優里，她打開了我的眼界，讓我明白自己未曾學習過的事，所以，當優里與另一個同學在班級討論區洗板罵我時，我傷心自悔，覺得我的自我中心逼走了一個對我這麼好、這麼重要的朋友……但真的是這樣嗎？我回老家，翻開高三時寫的日記，嘗試以三十多歲的心智，從一篇篇的日記裡重新建構對石鹿與優里的認知。

分手後，為了維持生活平穩，我幾乎把回憶都封印起來。時隔這麼久以後再重新翻開日記，才看懂了當年兩人的感情。石鹿像我的守護者，對我諸多叮嚀、照顧無微不至、幫我留意生活大小事，也一再保證會專一愛我，要我安心在他身邊做個小女人。

他提供了在那個年紀的男生裡罕有的理想形象：像父親般的形象。他是我所依賴的權威，我相信他的判斷、方向，他說要專心課業，讓父母不反對我們的交往，因此我們都在K書中心約會；他說要一起考上北部大學，我就考上第一志願。他把分手歸諸於不可知的未來，我也全盤接受，從此認為感情充滿風險、感情很脆弱。但這些都是真的嗎？

我們的關係其實極度失衡。石鹿單方面提供照顧，而我享受被照顧，他保有話語權，我只能接受，分手是石鹿自己的決定，我僅是被告知，而沒有溝通。他身為家中的長子、家族的長孫，當聯考成績不理想時，他不能再讓感情影響到未來的學業，相較之下，我可割可棄。他盡力提供他承諾的照顧，當環境不再允許時，他斷然離去，留下習慣有人照顧的我。感情並不脆弱，而是我們的感情很脆弱。

十多年來深信不疑的完美男友，原來只是一個努力想要完美的男孩。他努力成為他理想中的男友，我樂於做個被照顧者，不需要擁有自我，因此分手時，他的叮嚀是要我找個人「代替他」照顧我。但感情應該是兩個對等的人彼此扶持，沒有誰應該要照顧誰，且若已經決定分手，又何必顧到我的以後，分手時的交代只是滿足他身為照顧者的形象，卻與他的決定大相逕庭。更不要說他是在我與優里決裂後，約出來談話的那個下午提分手，我心力交瘁時，他再補上一刀。他口吐溫柔，卻已不再顧及我的狀態，我連埋怨也沒有，只是心疼他的恐懼，懷恨於命運。

在進入交往的過程裡所感受到的呵護與溫柔使我認定他是全好的，他成為我的權威。我天真地相信他所說的一切，忠心地想完成他交付的任務，而不再觀察他的行為是否與所說的話一致、是否始終尊重我、溫柔地對待我。直到我有了足夠的成熟度與判斷力後再回頭思索，才發現自己或許也只是他成就自我形象的工具。

與優里的決裂則一直是插在我心裡的痛，在我眼中她是個親切、溫暖的朋友，教導我何謂體貼、何謂為他人著想，告訴我我從來沒有學習過的人際互動，因此當衝突發生時，她對我的評價我照單全收，因為她早已成了我的權威，她是好的，所以壞的一定是我，她也是這麼說的。

但其實我無處安放自己的憤怒與受傷，因為如果一切如她所說，她的反應只是我咎由自取，我沒有生氣的資格，那本就是我應當承受的。優里跟我決裂後，我淚眼汪汪地問國中好友們知不知道我個性如此，她們點點頭說知道，我問：「那妳們為什麼沒有討厭我或叫我要改掉？」她們面面相覷，說：「但這就是妳啊！」那瞬間除了感動以外，也感覺到在這兩段關係中有個東西不一樣。後來才知道，那個不一樣的東西稱為接納。

我以為優里知道我的為人，因為她曾看見我不明白別人的反應，也知道我對她提醒的事從沒有反彈與防衛，而是滿懷抱歉。我以為她可以理解我只是不懂得人際互動，知道她可以向我表達在關係裡的受傷與不滿。因此我的受傷一部分來自於「不被信任」。我被認為是一個囂張狂妄、自滿拔扈、專斷獨行的人，甚至在事發後十多年，都真心以為自己就像她形容的那樣，而不知道那僅能代表她對我的看法。陪我整理自己的好友心心說優里所做的事其實是霸凌，但我卻連這兩個字都不敢想，因為在我眼中的優里，極其美好。

我開始思索優里究竟是什麼樣的人。她友善風趣，跟任何人都能打成一片，很少聽她抱怨過什麼。隨著關係變深，我變得越來越依賴她，她有時候冷淡，可以感覺到她似乎不開心，但她從來沒有講過，我不明所以，就向她抱怨她的冷淡。一個不懂人際互動的人和一個幾乎沒表達過不滿的人，關係的張力就這樣堆疊了起來，直到壓抑的那方以劇烈的方式爆炸，指責所受到的壓迫。我無奈且遺憾，因為我願意聽，但我唯一聽到的那次，也是最後一次。

就像我從來不曉得體貼是什麼，或許優里也從來不曉得表達是什麼。我們在成長過程裡缺失的那塊相互碰撞，成為學生時代的世紀災難。當時的我們沒有能力化解這些壓力和不滿，因為我的成長是在這之後才逐漸開始，但我與優里已不再聯絡。長大以後，我開始思考「朋友」是什麼，於是想起了我與國中好友們的那段對話。

人與人的相處本來就不可能一帆風順、沒有衝突，溝通是影響關係能否繼續下去的關鍵，我與心心起過幾次衝突，我們也努力化解衝突，對我來說這就是朋友。我對她有誤解，她努力澄清；她對我有壓迫，我努力反應；我們相信彼此的善意、接納彼此的樣貌，一步步地調整，走到彼此都覺得舒服的地方。我與優里的關係，以這個角度來看，或許連朋友都稱不上，只是互相友好的人們，因為她連澄清的機會都沒給過，就把我公然釘死在十字架上。

我生命中曾經的權威，只是像我一樣缺乏的孩子，而我卻用了十幾年來懊悔與懷念。優里和石鹿，曾經是我憧憬的理想，石鹿是我的理想男友、優里是我想成為的理想樣貌，但其實大家都只是盡力活出自己心中的理想罷了。不因為石鹿對我的照顧，他做的所有事情就都是為我著想；不因為優里教我體貼，她的評斷就全都正確。**他們有我喜歡的部分，也有我不喜歡的部分。沒有誰強誰弱、誰高誰低、誰好誰壞，我們就只是人，同**

時擁有強項及弱項的人，現在是時候把他們請下神壇。

理想幻滅，比起憤怒，我擁有更多的是悲傷。他們的「好」曾是我生命裡的明燈，給我前進的目標：找尋像石鹿那樣溫柔的人、成為像優里那樣體貼的人。**原來完美的好是不存在的，隨著關係的深入，終得面對人極力隱藏的缺陷，那才是真實的生命、真實的人。**我可以認同一個人的長處，但終究得在每件事情上都長出自己的想法，而不是盲目地相信我眼中的「好人」。這世上不存在理想的人與絕對的權威，過去我深信不疑的，只是幻想。

在那之後，我還是陸續發現自己幾次把人放在權威的位置上，包含心心。我需要他人的反饋與協助才能有所成長，但將他人當做權威卻又可能會侵犯到自我概念的發展，在這當中拿捏平衡是辛苦的，因為需要時常保持警覺。

我們都是在這當中搖搖擺擺，成長之路一直都是如此，需要不停地付上代價。但若要能持平地看待自己與他人，陪伴自己長大是必須，才能既沒有贏過別人的優越感，也沒有輸了別人的羞恥感。至今我仍然艱困地在走這條路上，不能說自己從此不再會把人當全善的權威，但是能一次比一次更快地意識到，就已經是成長與改變。這是我願意為自己付上的代價，我也感謝那個願意為自己付出的自己。

17

理想我與真實我

我們努力地往被肯定的樣貌靠攏，
並嫌棄那個未達標的自己

我們傾向建構一個自我形象，框架自己的樣貌。

這個自我形象的來源是依據我們認同的價值觀（或特質），是理想中的自己，但那不一定與我們真實的狀態一致。

理想與真實的關係有點像棉花，看起來是潔白的大花，但用手捏的時候會變形，才感受到裡面的形狀與外觀不同。沒有外力擠壓時，我們得以維持理想我的樣貌，但事件來臨，真實我的樣子會透過我們的情緒、回應顯露出來。

若對自己不夠敏銳及接納，會錯失在這些矛盾裡透露出的訊號，用其他原因解釋自己的反應，並認為這些矛盾都是個案，好繼續相信自己真實的樣子就是如此理想。

我很容易相信別人對自己的描述，並對他們感到佩服，但隨著相處時間增加，我常會感到困惑：「為什麼相處起來的感受與他們描述的自己有落差？」例如一個常抱怨別人做事有問題的人，我常先入為主地認為這是因為他能力很強，但結果卻不是這樣；一個在言談中讓人覺得他好友眾多、備受喜愛的人，我卻會意外從他人口中聽見他與別人的關係並不如他所暗示的那樣。頻頻被這些錯誤印象誤導後，我開始省思自己為何對別人的說法照單全收、少有保留。

我想起某一任男友，也一樣發生過在我全盤接受他對自己的描述後，卻發現他在言行上的矛盾。那時我剛到英國求學，在人生地不熟的情況下，一個從小移民至國外、在美國就讀高中及大學、陽光積極的男生，熱情直接地向我表達他的好感。他的待人處事、能力、感情觀，聽起來十分美好，讓我難以招架，對我來說，他是一個相當耀眼的人。

他偶爾會分享一些曾經閱讀過的書籍裡，令他印象深刻的內容，也曾分享他對未來的計畫與想法，甚至曾受邀在舞會裡擔任ＤＪ，再再都讓我覺得他十分強大又美好，但在交往之後，卻感覺到自己交往的對象彷彿是不同的人，我開始覺得不對勁。每當我把觀察到他的行為，或是在關係裡不舒服的地方提出來，他總是有各種理由，比如他情緒激動，是因為我整整一個小時沒有聯絡他；當我說想要有一些自己的時間時，他覺得情侶應該不分你我，不該計較誰的時間多或少。這些看似合理的回應始終有些難以言喻的吊詭之處，在他的說法裡，一切都很合理，不合理的是我的感受與想法。

他感覺像是個很厲害、很有想法的人，但我卻覺得跟他相處起來好窒息、好痛苦。我提了分手，他給我兩巴掌，隨後大哭大叫：「我怎麼會打女人？我要去自殺！」那一刻我傻住了，他對自己所做的事情感到震驚，代表他不認識自己，以致於根本沒預料到自己的行為反應，這樣的反應方式也與他嚮往的謙謙君子相去甚遠，而我竟然還傻傻地相信他原先對自己的描述，這對當時的我來說非常震憾，不明白為什麼會發生這樣的事情。

我以為人對自己的肯定經過一些來回驗證，若不實事求是，那不是欺騙自己也欺騙別人嗎？

但隨著我一點一點地理解自己，並思考理解那些曾在我生命裡留下重大刻痕的人後，這個困惑才終於解開——要看見自己一直都不是件容易的事。

在成長過程裡，我們會接收到許多應該與不應該，發現某些特質會被許多人肯定，而某些樣子會被批判攻擊，於是，我們學會隱藏起那些「不好」的地方，因為那會讓我們充滿羞恥與罪惡感。並且我們努力往大家所認同的理想樣貌前進，比如期許自己獨立，不麻煩別人、有愛心、有肩膀可以照顧他人，或是有能力、有成就等等，當發生一些能證明自己擁有那些特質的事件，我們就深信那是我們真實的樣貌。

我們為自己建構了理想的框架，傾盡全力達成框架裡的一切標準，並無視不符框架的部分。當時那位男友也同樣建構了一個理想中的自己，他談論的是認知中的自己，而不是真實的自己，因此他許多的自圓其說若全部串在一起其實是自相矛盾的。能讓理想我與真實我靠近的只有接納，需要有人帶領我們細心地觀察自己、體會自己的感受，看見那些過往被忽略的細微矛盾，並看見在這背後顯露的未被滿足的需要、未被安慰的傷痛，且不因此攻擊、批判、恥笑我們，才能幫助我們擺脫羞恥感與罪惡感，學著一起接納自己。

如果沒有夠親近、且夠有勇氣的朋友陪伴，我沒辦法走上「看見自己」的歷程。我以為自己是有界線、敢表達想法的人，卻忽略了自己只在工作上如此；我追逐大眾肯定的職位與薪水，卻忽略心底的疲憊與茫然。若沒有朋友的戳穿，我看不見自己諸多痛苦的原因；若沒有朋友的陪伴，我無法對每次的新發現誠心悅納。**看見真實我是既痛苦卻又痛快的過程，自己必須先成為一個「不知羞恥」的人，才能不再迴避不堪與軟弱的自己，而是努力想看見她**。

理解這些後，我逐漸走出過去那個對他人說法照單全收的自己，對別人的自我描述開始轉趨保留。為了與那任男友分手，我付出了慘痛的代價，不但被對方黑函攻擊，還要一邊小心自己的人身安全，一邊處理這些危機，我從來沒想過相信別人會導致這樣的後果。我也因此越來越不傾向一對一的約會，因為那缺乏認識一個人真實樣貌的環境，而只能接受對方對自己的描述。

要看見一個人真實的樣子，需要在不同情境、不同群體底下認識相處，才能看他如何與不同的人相處、如何應對挫折與衝突，並才有機會從其他人口中聽見對對方的評價。以前我總是著迷於一個人展現出來的美好，跳過觀察和了解就直接交往，面對各種溝通相處的問題後，再怨自己遇人不淑，但其實不該讓交往結果像樂透開獎一樣，不能完全信任別人對自己的判斷，因為**每個人都在理想我與真實我裡掙扎，想要保護自己，需要先長出觀察、判斷自己的眼光，然後再用同樣的方式觀察對方。**不再乖巧、不再聽話、不再天真，沒有人如自己想像中的好，因為我們都只是充滿脆弱，期望活得更為理想的凡人。

小練習

我們都在別人的肯定裡建構理想的自己，在責備懲罰中驅趕真實的自己。

試著想想：

1. 小時候在你們家做什麼事，最容易被爸爸讚美？什麼事最容易被爸爸責備或懲罰？

2. 同樣的，媽媽會讚美什麼、懲罰什麼？

這些讚美是理想我成形的搖籃，形成了我們的價值觀，我們因此長出的自傲或自卑，都可能阻止我們看見真實的自己。

18

喜歡

我們常把反應相似的情緒類化為喜歡

當我們對情緒及來由認識得不夠細緻時，容易類化反應相似的情緒，即使它們的本質與成因可能有所差異，例如將崇拜看作喜歡，將渴望被接納視為有好感。

能造成「一直想著一個人、渴望對方的認同與肯定」這個行為的成因非常多，而引號裡的行為表現，是對喜歡常見的定義，但即使會有這樣的行為反應，背後的出發點卻不一定都是喜歡，而喜歡也不一定都會造成這樣的行為表現。

18 喜歡

「喜歡」對我來說，一直都是個很模糊的概念，卻又是在朋友間常被談起的話題。看過一本本歌頌愛情的少女漫畫，我歸結出「如果會一直想到某個人、跟對方發生親密的肢體接觸時，會臉紅心跳、期盼看見對方，希望有更多相處與互動，那就是喜歡」，這個定義並沒有被質疑過，年近三十，我仍舊這麼想，直到某一次聽到營會講員的分享後，我才開始重新思考何謂喜歡。

講員提到她的故事。求學時，她有一位交往多年的男友，彼此相處良好、能溝通能分享，她也非常喜歡男友。在一次校內舞會上，她碰巧和學長跳了一支舞，當學長靠近她、手扶著她的腰、感受到學長的呼吸時，她突然覺得臉紅心跳，腦袋裡亂成一團。讓她更心慌的是：「難道我喜歡上學長了嗎？我是這麼花心的女生嗎？」背負著這份罪惡感，她開始客觀地思考自己的感覺。喜歡是什麼？喜歡是看見一個人的為人、特質，是與這個人接觸互動後，認識對方、理解對方，從中產生出對對方的欣賞。對她來說，喜歡包含認識與互動，而她確信自己喜歡男友。

但學長呢？她其實跟學長不熟，互動也不多，感到臉紅心跳也是在有肢體碰觸的時候。那麼，這樣的情感又是什麼？她認為那是激情，是兩性在近距離相處時自然引發的生理反應，並不涉及對對方的了解。她理解到那些感受並沒有基礎，即使因此胡思亂想，卻也容易消散，確實不久後，她就不在意學長了。

當時我還不會細膩地區分感受，從聽完這個故事後，我開始謹慎地辨認碰到新對象時心裡萌發的感受是什麼，也因此幫助我開始客觀地看待情感，不再衝動進入關係。在我回顧之前的感情對象、意識到自己的錯待以後，才發現過往的感情除了激情外，其實還摻雜了許多心理需求，接著對過去的感情全都打上了問號。

我喜歡在籌備活動感到壓力山大時，幫我推動活動籌備的學長，我不是喜歡，是依賴；我喜歡帥氣有為、頭腦聰明的主管，我不是喜歡，是崇拜；我喜歡事業有成的創業者，我不是喜歡，是羨慕。我對他們的感情看似強烈，但那些情感的背後，都無涉於他們的本質，而是反應了我的缺乏。我孤單，需要支持陪伴；我自覺弱小，希望依靠強者；我默默無聞、渴望名聲地位。

我想念、在意他們，以為是因為喜歡，**但原來那份情感的本質不是喜歡，而是我許多缺乏的替代品。**

回想過去別人對我表達的好感，當時覺得那象徵我的價值、對我的肯定，若循著這個思考脈絡，那是否還能當作是對我的肯定呢？還是那也摻進了他們的缺乏與需要？因此在還沒有太多互動的狀況下，投射了自己的想像，而無關於對我的認識與了解。

當內心帶著匱乏在盼望感情時，我們很難尊重對方，因為這段關係扣緊了我們的生存需求；我們很難看見對方的真貌，因為在乎的是在對方身上滿足自己的想像；我們很難真的關顧對方的需要，因為我們情感的本質就是為了滿足自己。**當我們是為了自己的缺乏而愛，我們很難真正地愛。**

我不願這樣對待別人，也不願意別人這樣對待自己。我下定決心要為自己的需要負責，也開始認真思索自己渴望的感情關係究竟是什麼。

19

根源

失控行為不是問題本身，
而只是問題顯現的方式

當瓦斯爐上的熱水煮開、發出聲響時，大家會知道要把火關掉，鳴笛聲就會停下來，但在情緒及行為的議題上，人們常常選擇把鳴笛器拔掉。

我們想壓抑情緒的出現、想阻止某些行為或念頭，並對有這些反應的自己嚴加斥責，但其實這些情緒、行為、念頭，並不是問題本身，而是問題發作的症狀。若我們能理解根源，狀況就會慢慢消散。

大學時我與室友的關係很好，三個女生一起追劇、玩遊戲、分享生活，雖然我隱約覺得另外兩個室友的關係似乎更好，也在一些事上得到證明，但我不敢正視這個想法，怕破壞這麼美好的關係。直到某次三人聚餐，大部分都是另外兩位室友在聊天時，那份不安全感就爆發了。我對著她們發脾氣，氣憤地獨自走回宿舍，對她們會怎麼回應我的失控感到害怕，沒想到她們卻溫柔地接住我。

那晚她們回到宿舍，沒有酸言酸語、沒有冷暴力，也沒有當我不存在、當事情沒發生過，而是溫和地表達我需要專業協助，我感受到那不是出於攻擊，而是真實的關心。後來，我去了學生心理輔導中心，開始人生第一次的諮商。我說了當時人生許多的痛苦與困惑，諮商師大多沉默地聽著，偶爾提出幾句提問，諮商往往結束在更多的困惑中。我回到寢室時，兩位室友會坐在身旁，認真地聽我當天談了什麼，並提出她們的想法，每週如此，持續了一整個學期，直到諮商結束。

那是我人生第一次擁有這麼親密的陪伴。我把傷痛攤在關係中，朋友沒有用是非判斷回應我，而是把自己放在我的情境與感受下，告訴我她們是怎麼想的。當時我們談了什麼已經記不太清楚，只記得每次諮商後，她們都會陪我聊到半夜、陪伴我哭泣的溫暖。

許多年後，當我在某個場合再度談到當時的那份陪伴，有位長輩問我：「那現在的妳對於『她們兩個比較要好』這件事是怎麼想的？」在那個當下，我已經梳理了自己的成長環境、高中的人際創傷，重新找回情緒感知，也理解我的核心信念、看見許多自己的行為模式，再思考這件事，我回答：「是我不讓她們接近我。」

在那之前，我才發生與高中同學撕破臉的傷痛，從那份傷痛裡，我學習到不可以說自己覺得開心的事，因為別人可能認為那是炫耀，也不能說難過的事，因為那會破壞氣氛，更不能表達對人的需要，因為那會造成別人的壓力，於是我把自己隱身在關係之外。我只講安全的話，比如聽到了什麼八卦消息，或者我發生了什麼糗事，並把真實感受及需求全部收起來。那段抑鬱的日子，我甚至會在公車上默默流淚，不知道該往哪裡去才能舒解心裡壓抑的情緒。

我覺得她們比較要好，但我也沒有給她們認識真正的我的機會。她們沒有跟我一樣的傷痛，因此可以自在地表達看法、表達喜歡與不喜歡、表達她們想要做什麼，但那些對我來說全都很危險。我只能等待別人問我、主動靠近我，因此我更容易感覺到別人對我不感興趣，**但那背後的原因其實是我先封閉了自己**。她們或許曾經嘗試靠近我，卻不得其門而入，但她們兩人彼此建立起關係則相對容易許多。我將此認知為「她們更要好」，而這份對現況的詮釋，勾出了我在成長過程裡，覺得不被重視、不被關心的核心信念，直接認定比起我，她們更喜歡對方。但當我願意向室友們坦白自己的內心後，才了解到其實她們非常願意花力氣陪伴我走過最深的低谷。

我們常常抱怨別人、抱怨處境，卻忽略了自己也是關係中的一分子，而關係則是彼此互動的結果。我不滿室友彼此關係更好，但這個互動的結果，一部分來自於我的自我封閉，這份自我封閉，則來自過往的人際創傷，而這些背後都藏著我對關係的渴望，這份渴望，來自我在原生家庭裡未被滿足的需要。**人心複雜卻又簡單，好好梳理這些千絲萬縷，就能明白根源為何，若我們以為「她們兩個比較要好」是一切問題的原因，就難以看見那其實是結果。**

我是幸運的，在多年後發現自己的互動模式，並持續努力地調整。我明白自己的感情短命不是因為被詛咒，而是因為不懂得怎麼溝通與表達情感；明白我在感情裡常有的空虛孤單，不完全是因為交往對象，而是因為我害怕信任與依賴他人；明白對他人的害怕，來自於那些從人而來的傷。怪罪環境、抱怨他人相對容易，但找到根源卻很困難，因為需要看見自己。

當我學習看見自己以後，才把這些看似不相干的事情串起來，那些過往生命裡發生的事如何形成信念、信念再如何成為模式，而模式如何影響後來的人際關係與感情關係。於是我發現，原來我的生命一直在類似的議題上苦苦掙扎，我不能只期盼一段美好的感情，卻把自己隔絕在這份夢想的準備工作之外。當我開始認真面對、認真看見自己之後，感情就出現了。

很多人在單身時往往就是過日子、等待一個美好的人能帶來一份美好的感情，但我覺得我對自己的這些預備，是我給過自己最美好的禮物，也真實地幫助我未來的感情。

20

自我價值

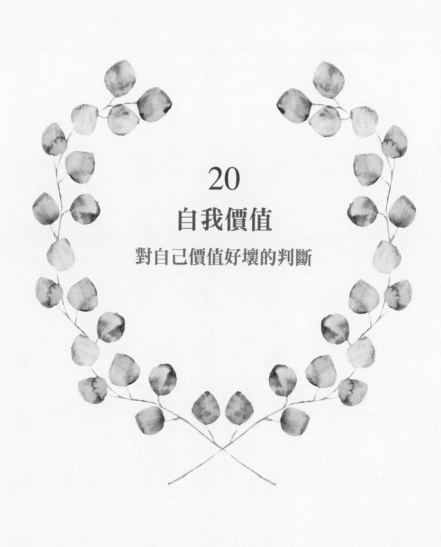

對自己價值好壞的判斷

自我價值是我們對自己價值好壞的判定，與我們幼年被對待的方式有很直接的關係，當在成長歷程中沒有被妥善照顧時，容易造成自我價值低落，我們於是用被環境灌輸的價值觀來解釋自己沒有價值的原因，並努力達成各種我們看為好的事，來增添自我價值。

自我價值與我們的表現不該有關聯，但這是自我價值低落的我們很難理解與相信的事。

自我價值感是與人互動的基礎。當有足夠的自我價值感時，我們相信自己會被善待，能自在地把自己暴露在關係裡，但當自我價值感低落時，我們傾向用外界肯定來填補，因此會非常重視他人的評價。為了獲取他人的肯定，我們小心地與人應對、努力獲取各種成就表現，把真正的自己在互動中隱藏起來。

這些透過努力而得來的肯定，成為包裹自我價值的外衣，當我們已經太習慣這件外衣的存在，脫掉它、做出自己認同的選擇，就變得非常困難，這就是我在碰到我先生時發生的事。

先生K是刻意讓自己存在感很低的人，因此我們相遇時我並沒有太注意到他。當時是我第二年擔任教會團契小組長，K剛成為另一個小組的小組長，小組長間會有支持與互動討論，我也秉持照顧新進小組長的心情，他有時問我問題，我能回答就回答，我們都愛玩遊戲，偶爾會聊個幾句，稱不上熟，直到某天我在房裡發現了好幾個木蛀蟲鑽出的小圓洞。

當時焦慮地爬了一些網路文章，各種除蟲方法對我這個文組女來說太像火星文，剛好K正宅氣沖天地跟我分享一個自製的手機搖晃裝置，用來偽造走路步數賺取遊戲能量。好用的工具人就在眼前，我於是向他求救，K一口答應。

我們找了一個傍晚一起採買相關用品，回到家以後，心心也加入除蟲行列，那天晚上為了把所有蛀蟲洞都堵上，我們相處了七個小時。在這段期間，我們聊了很多，K問我許多問題，比如我怎麼來到教會、怎麼踏上整理自己的路、為什麼這麼辛苦也要做，他也分享了一些關於自己的事。K離開後，心心問我為什麼分享了許多深入的事，我才意識到自己不知不覺說了很多，歪頭想了一下，只能給出一個很模糊的答案：「他讓我覺得可以講。」

那天之後，K對我的態度明顯改變了，變得非常積極。他傳了非常多訊息給我，詢問我許多經歷與想法，或是針對某些狀況、問題，我會怎麼應對、為什麼，我回答了以後，他就繼續往下挖得更深入。那兩、三天我被纏得幾乎無法工作，但也感受到他思考的深度以及重視的面向，在我碰過的異性裡，實在難能可貴。

這段期間，我還問心心要不要考慮K，心心當時對我投以詫異的眼神（意思是：難道妳看不出來他喜歡的是妳嗎?!）其實在這些互動的過程裡，我對K有很高的評價。我知道他所認同的都是自己思考過後的決定，而不是人云亦云；他對人的情緒也有一定程度的敏銳，這在男性當中尤其難得。但K的許多美好卻沒有讓我想靠近，反而想逃離；我想推薦他給身邊的姊妹們，但自己卻不考慮，甚至感到恐懼。

我的情緒反應很奇怪，也看不懂這樣矛盾的行為是出於什麼，只能放在心裡細細思索。直到幾個禮拜後，我才逐漸摸索出可能的原因。

K不是個耀眼的人，儘管他心思細膩，思考具有深度，但這些特質都是需要相處後才會發現。過往我有好感的對象，不外乎外貌好、頭銜好，或是能力強，他們在群體裡往往亮眼，我不需要費心向別人證明他們是「好對象」、我做了「對的選擇」。一亮出這些特質，就可以快速獲得別人的羨慕與肯定，那些肯定甚至可以擴及到我身上，但與K交往不一定可以帶來這些。

儘管我已經明白對兩人相處真正有影響的並非外在標籤，而是內在特質，但直到碰到K，才發現我不是放下原本的標準，而是增加了對內在特質的要求。即使我看懂K的特質就是我在關係裡認同的，能推知我們的關係會與過去所經歷到的很不一樣，仍舊無法消除對可能交往產生的恐懼，因為那份恐懼，是來自於我必須放棄獲得別人的稱讚。

為了維持自我價值的穩定，我像在蒐集集點卡一樣，努力集滿各種標籤。從好大學、國外研究所、外商、薪水，到外貌的打理，各種符合社會價值觀的「好」，我都努力地達成。為了維持標籤的存在，需要耗費極大力氣，當中獲得的快樂與成就感反而遞減，我不知不覺成為了標籤的奴隸。初談感情時，只要跟喜歡的人在一起就感到滿足，卻不曉得從什麼時候開始，我逐漸在意起對方的工作、收入與外表，就像在意我自己的一樣。

我明白K的好，卻深怕這個選擇透露出的價值觀會被人批評看衰。K

的低調不是問題，但當我擔心別人因此質疑K不是個好對象時，就是問題；K的身高不是問題，但當我害怕別人因而投射過來的目光，就是問題。這些原本只是感情的附加價值，如今卻反客為主，成為我思考感情的條件之一，這也是為什麼我總是優先看見那些能輕易得到他人肯定的對象，而非能和我共同打造良好關係的人。我看重附加價值，更甚於感情本身。

因此即便K散發出強大的吸引力，我下意識的反應卻是逃走。我知道跟他相處的時間越多，會使我更加喜歡他，但我還沒準備好失去過往習慣得到的肯定，光是有這樣的可能，就使我覺得恐懼。

但當我好好明白了恐懼的由來後，才能為自己下定決心。我明白過往的選擇會迎來什麼樣的感情關係，且不想把寶貴的時光繼續浪費在那樣的感情關係裡，也不想再像過去一樣把感情當作填補自我價值的工具。**自我價值的失落不該用其他的方式彌補，而是從根本上明白，我不需要證明自己多好、多優秀，才能確保自己能被好好地對待，因為我本身就值得被愛。**

21

物化

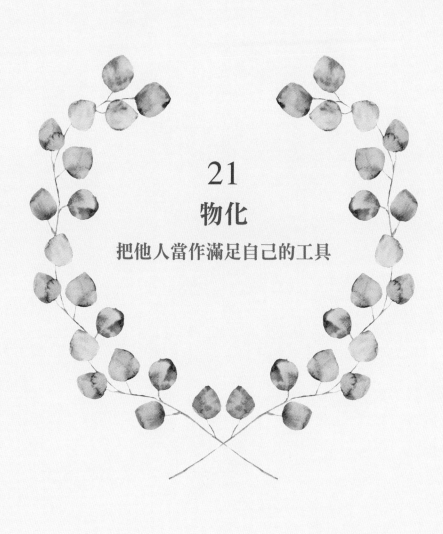

把他人當作滿足自己的工具

物化指的是把一個具生命的獨立個體視為無生命的物體，不去考量對方的情緒與需要等人性面向，僅把對方當作服務自己的存在，是一種滿足自己的工具，也是個人擁有的物品。

感情裡的物化，指的是把感情對象當作物品來操控與對待，不尊重其為人的情感與意志，這樣的關係只是為了用來服務自己而存在。

在交往中或被追求時，偶爾會聽到對方說愛我，但我的感受會從驚訝到困惑，最後是微笑無感。所謂的「愛」使我困惑，有人曾對我說：「離開我，妳再也找不到像我這樣愛妳的人。」但即使是當時，我也沒有在與對方的相處中感受到自己是被愛的，對方接著說：「因為妳還沒有給我機會展現。」聽了之後更困惑了，一定要有特殊的事件才能展現愛嗎？

無法說明我從不同人身上感受到愛的差別，但我知道是有所不同的，在不斷學習與理解後，我將這樣的差異歸類為物化。當我的正向回應被對方用來增添自我價值時，我成為服務對方的工具，因為對方在乎的並非是我，而是他自己；當對方用各種方式要把我強留在關係裡，我被對方視為滿足自己的工具，因為我個人意願並不被尊重的。當我被物化時，關係裡的主角是對方，一切都要圍繞著滿足對方打轉。

K正準備要告白時，我的生活經歷了一場很大的風暴。與我同住的二房東出現了諸多妄想，覺得我要施法害她。她進我房間翻找證據，連我根本沒注意過，放在陽臺的沙袋都成為她口中的施法證據，客廳角落的壁癌是我造的業迴向到她身上，造成她身體瘦弱的證明，她勒令我搬走，無視時間地傳沒有邏輯的訊息或打電話來。同一時間，我和另一個朋友起了衝突，她抓著「我對她的傷害」要我向她道歉，討到道歉以後還持續追打、洩憤。

一時之間這些巨大的壓力壓得我只能先開啟「生存模式」，解決眼前的問題。不敢回租屋處，我暫住在教會姊妹家，緊急聯絡搬家公司、找朋友一起打包，兩天內完全撤離。我不好意思在姊妹家借住太久，但前路茫茫，找到好的租屋處需要運氣，能多快找到落腳的地方，不在我的控制範圍裡。

我的狀況在教會裡迅速散播開來，一時間湧入許多關心的訊息，但我根本沒有力氣逐一點開回應。朋友歪歪聯絡我，說她和表妹打算一起找房子，三個女生應該比較好找、一起住也比較安心，還再三向我保證她跟表妹的精神狀態一切正常。她傳了幾個物件，迅速地排好看屋順序，我們可以請一天假，一次看完所有房子。

歪歪問我介不介意那天K來當車伕，我才想起被我略過的關心訊息裡也有K傳來的，他連續兩天詢問我狀況，但我實在沒力氣回應，因此不讀不回，後來也沒再收到訊息。

當歪歪提到K時我很驚訝，因為在我原本的想像裡，心儀對象不讀不回應該是很傷自尊的事，但當時各種壓力、情緒集於一身，我無力回應，也認為假如他選擇離開那就離開，只嘆時機不巧。後來我從歪歪與K那裡了解當時發生的事，才知道我不讀不回確實讓K非常難過，但他可以想像我當時的狀態，要在急迫的時間裡打點好一切、沒有安身之處，還被與朋友的衝突夾殺，K說即使是他，也很難想像自己要怎麼面對這麼多的變故，甚至相當佩服我。

他擔心繼續傳訊息會造成我的心理負擔，也猜測由他聯絡並不是個好方法，因為他跟歪歪的關係不錯，知道我會回應歪歪，於是他、歪歪跟另一個朋友，三個人狂掃租屋網站上的物件，歪歪才會這麼迅速地列好清單詢問我。他不確定我沒回應的原因，擔心是否在我狀態不好時，任何帶有情感的接近都會讓我感到壓力，因此請歪歪詢問假如由他來做車伕，我的意願如何。並且在與朋友的衝突裡，K覺得我需要其他朋友的支持，因此將幾個了解狀況或處境類似的人拉在一起，討論可行的應對方式，也讓我有其他支持，避免被對方孤立，獨自承受對方的情緒。

這是我過去鮮少感受到的付出。過去我常從追求者身上感受到的，是對方要確保我有看見他的付出，之後殷殷期盼我的肯定，但通常那些付出相當制式，例如約會時幫女生拿包包、讓女生走在人行道內側、生理期時煮紅豆湯、泡熱可可、生日時送禮物、吃大餐等等。對方一味地做曾聽過被肯定的行為，卻不一定留意到我需要與否、喜歡與否。在這樣的付出裡，我的感受不被納入考量，對方想要的只是肯定，我成為他人用來肯定自己的工具。

相反地，K推測我的狀態與未說出口的需要，並事先為我設想。他可以選擇一直聯絡我、傳各種租屋資訊，搶占聯絡版面讓我注意到所有付出，但他理解我的狀態，並以我的感受為核心地調整付出的方式。因此他不強調自己為我做了什麼、有多擔心我和在意我，而是讓歪歪來傳遞對我有幫助的訊息。同時，他知道我因為與朋友的衝突充滿壓力，沒有嘗試要成為「安慰我」「拯救我」的那個人，而是提供環境，讓處境相似的朋友能彼此支持。**他希望我好的心情超越希望我看見他這個人，他對我的推測與理解是正確的，而不是活在自己世界、自嗨式地付出。**

物化其實存在於許多人際互動中，當人想要達成自己目的的渴望超過對他人感受的關懷時，物化很有可能就會發生。**我們或許不一定能馬上理解，但在相處過程裡的感受常是最直接的指標，當感受在關係裡長期被忽視、自己的狀態長期不被考量，一切圍繞在維護對方的感受與渴望時，通常就是警訊了。**

22

尊重

對他人情緒、意志、能力、狀態的肯定與看重

尊重是重視對方的獨立性與主體性，理解他有選擇與決定的權力，重視他的感受、想法、願望、意志、狀態等，並不用貶低、指責、諷刺、忽視等方式，將自己的願望、想法強加在對方身上，或試圖操控對方。

22 尊重

我們很少在感情裡強調尊重，然而它卻是我覺得在感情關係裡，很重要的一項要素。所謂尊重，包含了對我們個人情緒、意志、能力、狀態的尊重，而不會因為做了什麼、說了什麼不符合別人期待或需求的事，甚或是拒絕別人的要求，就遭受到指責、壓迫、懲罰。

「不尊重」在生活中非常頻繁地發生，但我們很少會意識到，甚至會把別人對我們的不尊重視為愛的展現，先前看過一則手遊廣告堪為代表：男主管打了兩通電話給女下屬，譏諷她想參加聯誼找男人，女生掛了電話後，主管第三次打來說：「我喜歡妳，妳是我的女人，我不准妳看別的男人一眼。」「我在妳家樓下，妳出來。」旁白問：「總裁告白，該不該接受？」男生一方面使用對女生的貶低（譏諷對方參加聯誼想找男人），另一方面視對方為所有物（妳是我的），且不尊重對方行動的自由（我在妳家樓下，妳出來），但女生卻將這些都視為對方喜歡自己的證明。比起對個人意願與行為的尊重，是否被喜歡、被什麼地位的人喜歡，在我們的價值判斷裡常更加被重視。「霸道總裁逼我愛」的本質其實是恐怖故事，人們卻將之視為浪漫愛情的展現。

K還在追求我時，他展現出來的尊重使我驚訝。在K確認完自己對我的心意後，原本想找機會向我表白，卻不巧碰上我的二房東精神不穩、需要緊急搬家，當時K並沒有急著執行他的計畫，而是確定我身心都安頓下來以後，才找了一個合適的機會告白。在告白後又接受我超密集的靈魂拷問，包含怎麼注意到我、認識我什麼、用什麼方式觀察我的、他在感情裡看重的特質是什麼，以及他怎麼決定在什麼時候要做出哪些行動。K非常有耐心，有條理地一一回覆令我驚訝，因為這麼細緻的拷問在我的想像裡，通常會讓男性感到不耐煩，甚至會認為被質疑，K卻說我的拷問令他開心，表示我認真想認識他。

他對我的尊重也實際展現在相處上。搬好家後，K主動詢問有沒有需要幫忙的地方，我提到需要組裝書櫃、抽屜，他表示可以幫忙，但最快能約到的時間我因為有線上讀書會需要參加，無法招呼他。他說沒有問題，他只是來組裝抽屜，不需要招呼。我覺得訝異，因為在我的預期中，一般男生在面對有好感的異性時，通常會用各種方式增加接觸互動，因此我並不相信他真的那麼瀟灑。那天，我在房裡進行讀書會，他在客廳組抽屜。兩個多小時後讀書會結束，我開了房門，迎面看見的是組好的抽屜、他安靜地窩在牆邊看書。我驚訝地問他組好了怎麼不叫我，他說：「妳在讀書會，我不想打擾妳。」在確認完我沒有其他需要幫忙的事情以後，他乾淨俐落地離開，說讓我好好休息。

過去我在感情上碰過的不尊重常被對方用各種原因合理化，在思考力、判斷力不夠時，我無法意識到這些背後顯露的不尊重，反而因為對方那些合理的說法而有很重的罪惡感。合理化的方式包含：責備、控訴我的行為有問題；情緒勒索，細數對我的付出，責備我不如對方預期的行為反應；強行壓迫，無視我的狀態及意願而直接碾壓。這些都會讓我懷疑自己是不是真的很不好？是不是很有問題？是不是做了很糟糕的事？我傷害了別人，我真是個爛人。當我相信別人所說的原因時，我跟著回頭來控訴與逼迫自己。

常在感情裡反覆經歷這些，我對自己充滿很多責難，甚至害怕被人喜歡、害怕有人對我表示好感。直到我在與好友的關係中理解並經歷何謂尊重，才發現這個我從來沒明白的要素，對於關係的維持何等重要。

在與K的關係裡，我被好好地放在心上、好好地被對待，我的狀態是被看重的，而不是被放在他的需要之後。無論我怎麼做決定，明白他都會尊重我，告白後我跟他說我需要一些時間考慮，他確認我需要多久時間，假如到時我還沒回覆，他是否可以再詢問，而他也確實做到他所承諾的。這些一點一點的小事件裡都包含尊重，因此讓我確定在這段關係裡，我可以很安心。

尊重提供了一種空間，讓彼此的身心得以舒展。當在感情裡，雙方能提供這樣的尊重時，關係才有可能平衡、並在平衡裡走得長久，而不致於讓一方的聲音被漠視打壓。

23
焦慮
踏上不同以往的道路時，必然的挑戰

在決定要改變生命方向時，勢必會迎來焦慮，這很正常，因為決定肩負起自己生命的責任，踏上未知的旅程，面對未知的不確定性，並接受未來發生的一切，這樣的自由與責任，可以是件很恐怖的事。

退縮在痛苦的現況、抱怨現況的糟糕，有時比踏上未知還讓人覺得安全，因為那不需要面對焦慮。

生命是一個旅程，而且是有限的旅程。**我們不能決定自己遇見什麼事，但可以選擇自己想前往的方向。**

改變的歷程往往是這樣，我們陷在痛苦與絕望中，一開始怨天尤人，不理解為什麼這樣的傷痛會來到我們的生命裡，有時甚至是類似的狀況反覆發生。在某些時刻、某個契機，我們開始理解到在這些傷痛裡可以做的努力，或是發現了反覆發生的原因，明白那可能與自己有關。那些原因可能指向從過往形成、堅信不移的信念，或是認為理所當然的反應方式。於是我們的思緒開始鬆動，重新思考原本持有的信念，那些理所當然的反應，是否真的像自己深信的一樣正確。接著，我們來到改變的十字路口。

焦慮，往往就在我們踏上與原有方式不同的那條路之後開始現身。

在逐漸理解過去的感情出了什麼問題後，我做了許多新的嘗試，包含與好友心心進入親密關係、建立自己對細微情緒的感知、學習找尋安全的人並信任他們、敞開心胸分享脆弱、挑戰許多原本深信不疑的認知、學習新的價值觀、嘗試不藉由成就來肯定自我價值。但我沒想過在諸多的調整中，決定與K交往，會是最痛的一個。

找回自己的情緒後，我逐漸看懂了自己在關係裡的孤單與失落。人與人的親密並不是具有身分後就會自然產生，而是需要足夠的安全感與信任感，並在一次次分享脆弱、經歷接納以後堆疊出來的。明白自己需要的不是高大帥氣的男友，身分地位、收入與對方是否能給予足夠安全感一點關係也沒有，我也明白K具備許多我認為在感情裡相當重要的特質與理念，但要選擇他，對我來說仍然非常艱難。

因為當時的我正卡在兩種價值體系中間。我明白原有的價值觀會產生的各種問題並深受其害，但同時卻也提供給我一些好處，例如端得上檯面的男友、備受羨慕的關係。相反地，新的價值觀是我思考過後認同的，但我還沒有任何經驗能證實我的認同，或許嘗試了以後，會覺得自己太天真，但想要確認，就必須先付上代價。

這是對未知的焦慮。我不曉得這項選擇會帶來什麼結果，但若我不選擇，就永遠也不會知道。與其繼續過原本的日子蹉跎生命，我寧願踏上新的冒險。告訴K我的決定後，我們兩個都很開心，但只過了一晚，焦慮就來敲門了。

價值觀的轉換從來不是一刀切，即使做了新的選擇，不代表就可以直接跳到新的價值觀裡，而是在交接轉換之際，時時刻刻感受到失落與恐懼。我害怕當我與K牽手走在路上時，別人瞥過來的眼光，是否表示他們覺得女高男矮很奇怪；我害怕當告訴朋友我與K正在交往時，他們會不會問到K的身高、職業、收入，而不會像我一樣看見各種我認同的特質。於是當我們走在一起時，我開始閃避與別人眼神交會，當我介紹K時，總是不自覺地說我與K相處的點滴，搶先在別人質疑之前就說服他們我的選擇是對的。

這些壓力與痛苦不斷累積，最後我忍不住在K面前哭泣。那是我第一次，也是最後一次在別人面前訴說這些痛苦，我很清楚這是轉換過程裡必然的歷程，但我認同新的價值觀，不代表這個過程就不會有任何痛苦。K抱著我，輕拍我的背任我哭泣。情緒稍微安穩下來之後，我問K會不會在意我因此產生這麼重的情緒？K搖頭，認真地說：「我覺得妳很勇敢，因為不是每個人都願意踏出習慣的模式、做出改變。」K清楚這份痛苦與他**沒有關係，既不是對他的貶低，也不是要他為我的痛苦負責，他知道我在分享自己的心情，而他選擇一起陪伴我度過。**

那是我第一次認真感受到選擇新價值觀後帶來的正向經驗，不需要太費力地向他說明跟解釋自己，他能理解我，甚至站在我沒想過的角度，提供不同的想法，阻止我的許多自我攻擊與自我懷疑。**我們都能把自己心裡的狀態化為語言與對方溝通，並思考自己的想法與感受是否合理，而不把情緒拋到對方身上，這段關係的品質超過原本想像。**我們仍有爭吵與磨合，我卻從來沒後悔過這個決定，當時焦慮的恐懼與失去，在越來越多新的經驗累積以後，就慢慢消退了。

24
真實
深度挖掘自己，並將此帶到他人前面

願意不帶偽裝、不求評價，剝去理想的外衣、挖掘自己真正的樣子，包括真正在乎的、重視的、想要的，並對自己所挖掘的進行考證。

真誠地面對自己，也將這樣真實的自己展現在安全的人面前，是與自己、與他人親密的核心。

24 真實

真實往往是個令人渴望卻又畏懼的狀態，我們常把自己厚厚地包裹起來，唯恐講錯話、露出一點線索，讓人循線察覺真實的自己。那層包裝把我們與人隔開，也與愛隔開，即使身在關係中，卻仍是孤身一人。

親密唯有在真實裡才能成長茁壯。當我們在安全的關係裡把自己釋放出來，並被溫柔地接納時，親密就帶著醫治，讓我們能安心地審視自己的現在與過去，改變我們的生命。

在與好友心心進入緊密關係前，我一直都認為自己在關係裡是真實的，直到她在我們的許多相處與衝突中，點破了我在表達與實際相處上的不一致，以及對她潛藏的錯誤假設後，才驚覺我並沒有真實地在關係裡與他人互動。其一是源自於對自己的不了解，其二則是過往創傷造成的恐懼，因此，既不認識自己，也不敢表達自己。我花了很大的力氣把自己找回來，並學習在關係裡表達真實的感受與想法，然後才遇見K。

要讓自己能真實地存在於關係中有先決條件，就是接納與安全。接納並非不檢視行為也不做調整，就對別人的一切照單全收，而是把對人內在狀態的好奇與關心放在討論行為之前。關係不會斷裂，價值也不會被貶低，且對方願意深入傾聽與關注自己的內在，在這樣的接納之下才建立了安全感，明白自己可以安心地與對方討論、探索，不需要防衛閃躲，因為無論對錯，都不影響兩人的關係。

安全的關係並非一開始就能達到，而是兩人一起一步步地走向安全，有時也可能走著走著就發現一起上路的人彷彿不是原先的人，因此常需要小心地觀察。

我也是在一次次的經歷裡建立起對K的安全感。一開始在K向我告白時，我坦誠地告訴他我介意身高，他並沒有因此攻擊我，也沒有自憐，而是理解因為這想法有點政治不正確，因此，大多數女生即使在意卻難以承認。他很高興我願意誠實地告訴他，讓他明白我的顧慮。

之後我再度嘗試在關係裡坦誠，是決定交往的隔天陷入習慣性的自我懷疑，我跟K說希望延遲對朋友公開的時間點。我害怕自己的決定太衝動，怕沒多久就分手、怕在朋友圈裡丟臉。K看到我的訊息，就衝來找我想知道原因。我不確定他對真話會有什麼反應，他或許會覺得我對他不夠有信心而憤怒，或許會認為我對他不夠喜歡而憤怒。但若要交往，我希望自己能真實地面對對方，因此即使這對當時的我來說是種冒險，最後仍然決定跟K說真話。

K的反應出乎意料，他並沒有責怪我，或對我說的話感到憤怒，反而謝謝我願意對他誠實。我對他的反應不可置信，K則回應他認為關係的感受度不是階梯式，而是會經歷來回擺盪的過程。他猜測我是因為前一晚很激動、開心地決定交往，但一覺醒來卻發現感受沒有前一晚強烈，因此感到恐懼，害怕自己其實沒有那麼喜歡他。但他認為這是正常的，因為人的感受不會隨著關係進入下一個階段，而有跳躍式的成長，有些人認為有好感時，感受強度可能三十分、交往時六十分、結婚時九十分，並且在期間內感受都不會改變，但他不這麼想，他認為**感受性是不斷震盪的，我們來回回、發生一些事讓關係變好，或許再發生一些衝突讓關係變差，因此兩人的關係是在震盪中慢慢增溫，到了某個時間點，我們的關係穩定良好**

於是決定交往，再到某一個時間點我們決定結婚，只要長期來看，關係是穩定向上就好。

K感謝我，是因為明白要講出這些，對女生而言一定會有壓力，假如我用其他理由搪塞，反而會讓他很不安，因為可以感受得到我在隱瞞，而這份隱瞞也會為關係帶來不安全感，因此他欣賞，也感謝我的坦誠，他明白這需要勇氣。

決定真實為我帶來意外的結果。他看見更深的我，幫助我更了解自己，甚至提供一個我從沒想過的思考角度。我不是獨自面對「我好像不夠喜歡我男友」的恐懼，還有陷入反悔交往可能會傷害到K的罪惡感，K帶我理解自己情緒的由來，在整個過程裡都沒有責備與憤怒。我被好好地看見，也被好好地陪伴了。而後來，我願意在關係裡坦誠的那些真實，也成為了K幫助我的入口，改變了那些持續糾纏我的痛苦過往。

不是每個人都歡迎真實，但有意識地尋找那些能接納與陪伴自己的「安全的人」，會帶來意外的收穫。雖然極具風險，卻能幫助我們走向更健康的自己，在這過程中一切的陪伴，都使關係中的兩個人經歷到更深的親密。

小練習

安全的人會有一些特質，是需要被長期觀察的。

- 與傷害自己的人比較起來，會對自己有不一樣的回應：
  不健康的回應方式非常多樣，詳細說明篇幅會太大，但心底的感受是會有明顯的差異，可以透過好好回想過往經驗進行思考與比較。
- 言行一致，且可被觀察：
  對方認同的事也確實因此行動，並且不因狀況、對象、關係不同而改變。
- 能接受別人的不完美：

明白人的有限與不完美才是生命的常態，願意看見人的內心，勝於外在表現。

- 對痛苦並不陌生，能體會別人的痛苦：

理解過往對自己造成的傷害，也能認同並體貼別人同樣擁有的傷口。

- 對自己的欠缺有所警覺：

理解自己的生命議題，也理解這些議題在關係裡可能造成的影響，並願意為此負起責任，而不要求別人體諒或配合。

- 在關係中能一起走向健康：

與對方相處，能使自己更懂得愛人、愛自己。

25

原生家庭

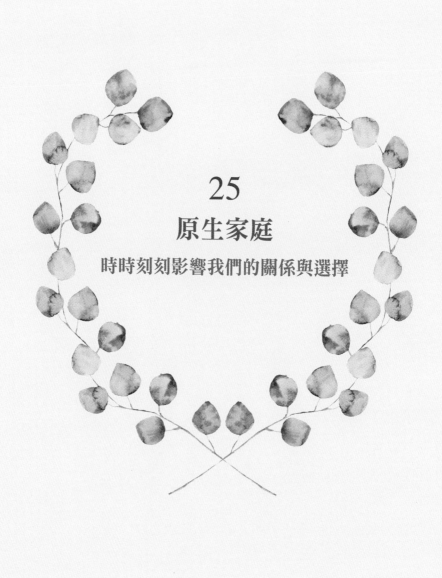

時時刻刻影響我們的關係與選擇

身為人們來到這個世界第一個接觸的環境，原生家庭形塑我們面對世界的模式、理解一切的架構。

這代表原生家庭成為我們認同的準則，我們會複製原生家庭的模式與他人互動，這些模式在我們長出思考能力與判斷力之後，需要一一理解與重新抉擇。

在我與K開始交往的初期，他有一些小動作是我非常看不順眼的，比如小碎步與蓮花指。每次我看到他這些行為，都覺得心裡有某條線要斷掉，但因為這些行為並不影響相處，因此我只是對自己的情緒感到好奇。K知道了以後，明白這份感受與他無關，也不以為意，有時候還會故意在我面前小碎步跟蓮花指。

這份不順眼讓我思索了很久，後來想起了曾經跟朋友的一段對話。朋友提到她交往對象對她的不在意，讓她感到失落與傷心，因此想離開。我詢問之下才知道對方從還沒交往時就是這樣的態度，且朋友歷來的交往對象大多都是這樣，她覺得這樣的對象似乎對她特別具有吸引力，一開始就表達喜歡的對象反而少有好感。我想了一下，問朋友與父親的關係如何，父親是不是也像這些男友一樣對她漠不關心？朋友愣了一下，突然眼睛瞪大，驚呼：「妳是仙姑！」

原生家庭的影響常這樣滲入關係中，我們會不自覺地選擇與父母相似的對象，或者刻意選擇與父母完全相反的對象，抑或將我們看到的父母形

象套在伴侶身上，害怕對方像爸媽一樣糟糕，於是時常懷疑對方，或是要求對方能做到像父母一樣的水準表現。我們並沒有發現原生家庭時時刻刻地影響著自己，影響著選擇。

我的看不順眼也是如此。我習慣父親的陽剛形象，因此看到K那些「不夠陽剛」的行為時，就產生各種刺眼與不自在；我習慣父母親的身高差距，因此當K無法滿足這樣的期待時，我感到沮喪難過。我將這些習慣包裹在社會文化的大旗裡，覺得自己的期待很正常也很主流，但或許真正的根源是從原生家庭建立起來的預設期待，當我沒有意識到這些偏好的源頭時，只會理所當然地認為「本來就應該是這樣才對吧！」

當我想明白了這些不順眼的來由後，K再刻意做出這些動作時，我反而可以坦然地接受自己會難受，心底的煩躁感因此減輕了很多。我理解他不像父親那樣，有高大的身材及陽剛的動作，但這並不代表他沒有男子氣慨，只是展現出來的方式與父親不同罷了，所以漸漸地我也習慣了這些動作，而不再引以為怪了。

26

心理劇本

自我實現的預言

過往我們解釋事件或傷痛發生的原因，比如「因為我不夠好，所以別人都會離開我」，會隨著時間與「偏差的蒐證」而逐漸演變成不可動搖的信念。這些信念就成為心理劇本，讓我們用來預期未來即將發生的事，因此而產生的態度甚至也成為了實現劇本的推手，這樣的狀況稱為「自我實現的預言」。

有句話是「你相信世界是什麼樣子，世界就是什麼樣子」，這是因為信念會決定我們對事件的解讀，於是左右了反應方式，而反應方式則決定了我們得到的結果。信念發動只在瞬間，因此很難被發現，需要有意識地注意「我對自己說了什麼」。當我開始留意自己的想法以後，常為自己說的話感到驚駭。

與K交往不久後，我生理期不舒服，他為我煮了紅豆湯，我很感動，第二次生理期來時，K一樣為我煮了紅豆湯，我在感動之餘突然聽到自己對自己說了一句：「妳看他能煮到什麼時候。」這句話嚇到我，因為如果順著這句話的思路下去，當K不再煮紅豆湯時，我就會認為K已經不如初交往時那樣在乎我了。

當我暗自決定用紅豆湯做為我們感情好壞的指標時，我可能不會在喝到紅豆湯時給予太積極的回應，否則這個指標會因為我的鼓勵而失靈。但K也有可能從我的反應覺得我似乎不太需要紅豆湯，若他時間不方便，或者有時候剛好有其他事情要處理，可能就會因此沒有為我準備紅豆湯。但在我的心態底下，K的「事情排不開」也會成為另一個指標，代表我的優先性比其他事情低，在我綜合這些指標判定他的熱情已退時，就認定兩人的感情即將倒數結束，我可能因此決定在關係裡抽離。如果K沒有回頭詢問，最終兩人漸行漸遠，因此分手，我會確信一切果然如我判斷的一樣。

追根究柢，當我心裡冒出「妳看他能煮到什麼時候」這句話時，代表我對感情的預設就是「每段感情都會結束」，總有一天，K也會離開我，只是要查明會在哪個時間點發生而已，這就是心理劇本，也是自我實現的預言。在這個信念底下，即使K承諾他會一直煮下去，劇本也不會因此改變，而是會找尋下一個讓我可以判斷「愛情時辰已到」的指標，同時K還會被逼得每次生理期都非煮紅豆湯不可，否則女友會覺得情已逝。當我為這段感情添加越來越多的指標，K將疲於奔命，最後仍舊會宣告投降，我則證明了劇本準確可信。

如果我沒有意識到心底浮現的那句話，不會發現這個心態在兩人關係裡可能會產生的影響。我的心態才是真正要解決的問題，而不是紅豆湯。

明白這是我需要破除的劇本，我當場跟K講了我心底浮現的那句話，他沉默了一下，說：「如果妳沒有給我任何肯定或感謝，久了我可能真的會喪失動力而不去煮，但那不是因為我想離開，而是因為在這件事上我沒有被鼓勵與回饋。」

心理劇本的形成是從過往經驗而來，可能來自原生家庭、來自與父母的關係、來自過往失去的關係，讓我覺得與人的關係不可靠，最終都要消失，只會剩下自己，我要為這樣終極的孤單做好準備。**信念很難靠理智強行扭轉，只能在每次意識到這個信念發動時，有意識地阻止它，並用新的經驗建立起新的信念，讓我逐漸削弱原有信念的影響力。**在未來千千萬萬個「紅豆湯」出現時，去理解關係不是考卷評分，而是有很多不同的狀態、樣貌、方式，不能以單一事件片面衡量，關係也不該是抽身躲避傷害，而是兩人一起討論關係裡的問題並且嘗試努力改變。

後來有一次又碰到我生理期，但最不舒服的那兩天K實在有事情排不開時間，跟我也碰不到面，我知道他的狀況，跟他說：「沒關係，就算你沒煮紅豆湯，我也知道你是愛我的。」

27

情感忽視

只能理解事件，而無法感知情緒

我們並非天生就能看懂情緒，而是需要有人從旁協助才能明白情緒在自己身上，以及許多面向上的影響。

在沒有人指導帶領下，我們慣性忽視情感存在，因此看不懂自己的某些行為反應，也不能理解別人為什麼這麼「不講道理」或「沒有邏輯」。

我和K在交往初期，曾發生過一個關於時間分配的重大衝突。我常常以各種活動把日程塞好塞滿，偶爾有些空檔，好友心心就會過來找我，結果能跟K約會的時間，竟然在一週裡只剩下週三晚上九點到十點。

於是K抱怨相處時間不夠，我問他：「那你一週要多少時間才夠？」他說：「不是時間的問題。」我黑人問號。他跟我分析，假設我答應一週碰面三個晚上，難道我突然有急事，就可以不去處理嗎？我不解地說：「那是特殊狀況啊！」K回：「所以重點不是碰面多久！現在是因為我特地為感情保留，把行程排鬆，我們才能在週三晚上碰面。如果當初我沒預留，現在連週三晚上都不一定能碰面。」我仍然不解，這不就是他覺得我留給他的時間太少嗎？我們又再用同樣的內容回應對方，對話陷入鬼打牆。

男友向我抱怨相處問題，我提出的解決方式又被打回票，我完全不理解他到底要什麼，心底的焦慮越來越大，我也變得急躁。討論沒有交集，兩人都又累又沮喪，就分別回家了。思考了幾天，我想起前陣子與朋友發生的一件事，覺得似乎有點類似，不同的是，我扮演的是K的角色。

我與朋友的三人線上讀書會每週一次，大家也都有默契地會先把時間留下來，但有位朋友在某次讀書會前一天突然告知她另外有約，無法參加。她雲淡風輕地說就延到下週，或者維持原時間，讓我和另一個朋友兩人讀就好，我感到有些錯愕。以前的我或許會為了迴避衝突，悶悶地同意延期，但開始重視情緒後，我希望為自己的感受做出行動，因此跟朋友說她這麼做讓我有些傷心。朋友似乎有點急了，一直說她已經有約了，不然看要不要改約別天，我仍舊有些傷心，跟她說不是約不約的問題。朋友無法理解我要表達的，對話陷入鬼打牆，我明白朋友無法理解我想表達的感受，因此也就同意延一週，不再多說什麼。

其實我想表達的是自己不被在乎與看重的感受，朋友想的是解決被人抱怨的事件。對我來說，讀書會的邀約是因為我重視及在乎對方，因此即使教會小組才剛結束同一本書的讀書會，但朋友一詢問，我就馬上答應再讀一次。對我而言，重要的不是讀書，而是我們每次的相處，因此我將讀書會視為第一優先，並預留時間。但朋友明知道當天是讀書會，卻沒有把約喬開，或許是因為她認為延後一週即可，也或許是她找不到其他時間，只好排在讀書會的時段，但當時的我因此認為那代表她沒有那麼看重每週的相聚。我需要的不是改約，而是想知道朋友是否重視我，若她有表達安排時間的為難，或是在這過程中的考量，我的心情就會被安慰了。

在情緒紛亂的當下我無法梳理得這麼清楚，難以向朋友表達，但我也明白朋友無法理解我的感受，因此在嘗試表達後就默默放下，這和我與K的衝突有些相似。我把時間排滿，幾乎沒有留時間給K，而他原本就為了可能的感情發展，特地把時間空下來，這是我們兩人對感情的差異。當時的關係是維繫在K的付出上，但我們的付出是非常不平衡的。他很難將這個差異表達出來，也很難表達在這個過程裡的孤單與失落，只能用相處時間來舉例，我也就順勢地理解為他嫌相處時間太少，著重在「那我們來解決問題，你要多少時間」上。但真正的問題是我面對感情的態度、重視程度、優先順序。

這是在我們習慣忽視情感時容易出現的狀況，**我們只按字面上的意**

思理解對方，而無法發現背後的情緒才是真正該回應的。當我們對情緒不夠熟悉時，很難好好表達出情緒，因此對說不出口的感受，常用事件來表達。若聽的人也不熟悉情緒，會無法回應情緒，只能回應事件，為了回到討論感受，只好再提出下一個事件，於是對話焦點被事件劫持，一方覺得孤單不被理解，另一方則覺得對方無理取鬧翻舊帳。

讓情況更加惡化的，是當K表達出對關係的不滿時，我心裡出現的恐懼。他的不滿似乎暗示著我不是個「好女友」，我因此慌張焦慮地想堵住他的嘴巴不要再抱怨。當我已經被情緒淹沒時，就更難靜下心來體會他的感受，只能用「你說，要我怎麼做你才會開心」的態度應對。我無法理解他要表達的心情，又試圖用行為表現來滿足他，反而讓K越溝通越覺得孤單。

感受情緒的能力，是我們與人連結的基礎，但這個能力並非與生俱來，而是需要透過學習，才能看懂背後隱而未現的核心。當我們透過別人的示範與說明，或是在自己被他人同理的過程裡，學習到理解自己的感

受，**才漸漸有可能去理解別人**。當我們能感受的情緒越豐富，同理別人的範圍也會越深越廣。若我們的成長歷程裡缺少了這一塊，後天環境也沒有補上，就會成長為一個與自己、與他人都失去連結的人，我們嫻熟於處理問題，卻難以討論感受、分享情緒。

有時在衝突中要的並不是解決問題，而是理解對方。當我們能好好地說出對方要表達的情緒，對方就知道我們已經了解他想要表達的，後續怎麼處理往往不再是重點。當我把體會到的心情描述給K聽時，K如釋重負，說他原本幾乎已經放棄了，但他也不曉得那樣的狀態自己能撐多久。我們最後並沒有達成什麼協議，但因為我懂他要表達的，當手上的事情一一了結之後，我把我們的關係設為第一優先在安排行程，我們就再也沒有為這件事吵過架了。

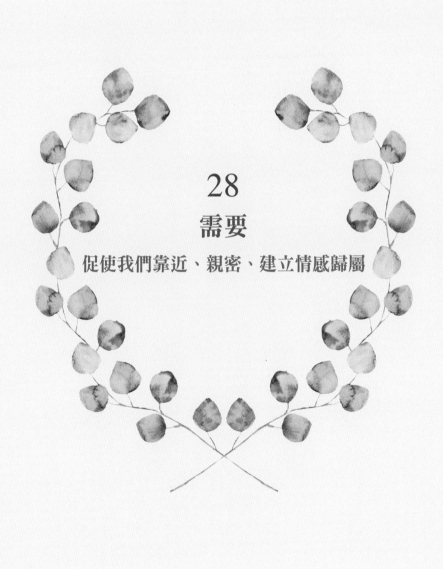

28
需要
促使我們靠近、親密、建立情感歸屬

親密關係其中一個重要的基礎是彼此需要。「我需要你」「我希望你在這裡」「我想跟你更靠近」「我想知道你是怎麼想的」，當我們需要他人，與接受被他人需要，就因此靠近、因此親密，也因此建立情感歸屬，在靠近時我們彼此揭露自身的脆弱，不帶武裝，相信對方不會因此攻擊自己。

情感孤立的人會避免需要他人，也避免被他人需要。

在一個「崇尚獨立」的家庭中長大，依賴與需要別人對我來說是最難的事。我很習慣自己思考、自己決定、自己行動，從起心動念到付諸實行，從來都是一個人，沒想過要跟誰分享、跟誰交代。即使交過幾任男友，這個模式也沒有受到太大的挑戰，甚至當年申請英國研究所，我爸媽都是在我出發前才知道。這美其名為獨立的疏離，就是我從小養成的模式，雖然偶爾覺得孤單，但至少我很安全。

在原生家庭經歷到的關係，限制了我對愛與親密的理解。我渴望有更加親密的關係，卻又難以想像那會是什麼樣子，再加上曾經有過的創傷，讓我把親密與控制幾乎劃上等號。親密，對我來說像是個傳說中的夢幻逸品，人人都有機會擁有，據說功效神奇，卻沒有人說得清楚那是什麼。以往我看到路上互動親密的情侶時會覺得羨慕，但在幾段感情經歷後，**我體會到交往不代表親密，也相信結婚不代表親密，但親密到底該是什麼樣子，我講不出來。**

在度過與K交往初期的震盪後，我們的關係變得穩定，也慢慢走進彼此的朋友圈中。當時我才剛跟K結束因為相處時間太少而起的衝突，教會小組要開讀書會，又會占據每週的一個時段，我因此向K保證會把讀者會排在我們不會碰面的時段，不影響我們的相處時間，K卻說他也想參加。他的理由是：「我沒有一起讀的話，妳如果看了書有什麼心得想分享，我怎麼聽得懂？這樣妳就很難跟我分享了。」

這句話的背後所代表的需要，是我很少經歷過的，因為習慣孤立的人所建立的關係，大多也都不會太過親近。我與朋友們或許一年聯絡個幾次吐吐苦水，又回頭繼續埋首工作；在感情中也多是各過各的日子，碰面時再分享近況。我不曾碰過有人為了增加與我的互動，而主動要求加入我的生活。那段話代表K並非只是想吃飯聊天看電影的交往就好，而是想參與我的生活、知道我的心情與感動、討論我的所思所想，那是我不曾感受過的親密與渴望，他不僅僅要「知道」，而是要「一起」。

儘管已經在與好友心心的關係中有了新的親密經驗，我和K也有信任感及安全感，但心底的退怯及保護機制仍然存在著。跟人保持距離，對我來說最安全。儘管和K交往了，若只是進行約會吃飯看電影這類不涉及交心或依賴的活動，就算關係消失，對我來說也不會有太大的影響，我可以像以往一樣全身而退。但他提出的要求，本質是要我跨出自己設下的安全距離，願意把自己的心情、深層的想法與感受分享給他知道，讓他成為支持我的力量。

以往每當我意識到自己開始在心理上依賴他人時，心裡會不斷重複一句話「他能夠傷害我了」，這個想法隨之而來的恐懼會使我想從關係裡抽身，或否認自己對對方的需要。這個保護機制存在十幾年，確實也曾在我不曉得怎麼處理傷痛時，使我的心安全無虞，雖然裡頭的傷也恆久不變。如今我厭煩了在關係裡的畏縮，也從與K的互動裡明白他是足夠安全的人，所以**我想在與他的關係裡放手，再次嘗試進入「讓對方有能力傷害我的親密」，因為若不進入這樣的親密，就無法繼續修復自己**。

我問了讀書會的成員是否願意讓K加入我們一起讀書，大家欣然同意，我也是。

29

界線

理解自己的各個面向，
並適當地表達自己

我們需要在關係裡透過他人的回饋認識自己，建立對自我的概念，但當自我逐漸成長，會認識更多關於自己的想法、感受、渴望、能力等等。我們所理解的自己，及我們想前進的方向，不一定會與別人的想法或期待相符，衝突便開始產生。

理解自己的各個面向，並適當地表達出自己、決定自己要守在哪裡、怎麼守住，這都是界線。

我對親密關係一直都是懼怕的，這份懼怕是從原生家庭開始成形，並在後續的人際創傷中逐漸加深擴大。在那些親密關係中，我曾經試圖表達過自己的感受，但得到的回應多是控訴，包含認為我很自私，或是沒有完成別人的期待，辜負別人對我的愛。在這些控訴裡，別人都是對的，我都是錯的，我不該有那些感受、不該做出這樣的行為。這些都造成了我對親密關係的害怕，以及在關係中表達感受的恐懼，因為在我表達了以後，受到責備的是我，面臨關係撕裂傷痛的人也是我，因此在關係裡，我不敢發出聲音。

年紀越大，越學會在關係裡沉默討好。在不舒服的時候把感受吞下來不發一語，想要什麼的時候閉口不言，等待別人決定，自己有想法的時候只是坐在一旁，靜靜聽別人討論，乖巧安靜是最穩當的安全，我不會被指責，不會面臨關係斷裂的恐懼，不會成為破壞關係的戰犯，只需要把自己的委屈跟不舒服吞下來。

在心心與K的陪伴下，我逐漸能在關係裡練習表達感受，而他們也允許我表達，但有一次卻再度發生我被指責的狀況。在我與K交往後，心心也迎來生命的低潮期——她送走太多親密朋友進入婚姻，如今又再加上我。我難以撇下心心不管，因此在行程中，還是會為心心留下時間，希望能陪她度過這段苦澀的時期，但偶爾也會碰到心心暗示，相較於她對我的付出，我顯得不夠在乎她、聽來有些勒索控訴的話語，因為明白心心狀況不好，我總是忍下來，很少說什麼。

強壓下來的情緒總有一天會爆發，那個場合是我、心心、K和歪歪的四人讀書會，心心語帶驕傲地說她一向在兩人關係中，給我很多自由，我聽了感到不可思議，直接回應：「我不這麼覺得。」並舉了一些相處中覺得被壓迫的事件，心心當下也愣住，氣氛有點僵，K與歪歪於是快快往下討論其他內容，沒再多停留在這個話題上，當晚我就收到心心傳的私訊，說我讓她很受傷。心心覺得即使我不認同，也沒必要在公開場合反駁她，我可以選擇私下講。

收到訊息後我各種矛盾情緒湧上。先是覺得情緒不被認可的憤怒，彷佛我表達不認同是錯的，我不該覺得自己被壓迫；同時又因為心心是帶領我梳理許多過往、了解許多心理機制的權威導師，而我卻因一時衝動而傷害一個對我幫助很深的人，我感到恐懼，怕自己成為一個不知感恩的人、怕關係就此斷裂，而那都是我的錯。過往那些在關係裡謹小慎微、息事寧人的習性一時間全部跳出來在我心裡高唱道歉多美好。

K全程都在，我的矛盾情緒他也都看在眼裡。我問K自己是不是該去道歉，K反問我：「如果妳和心心的角色對調，妳會在讀書會提到妳如何陪伴別人嗎？甚至那個對象還在現場。」我仔細地思考一下，搖搖頭說不會。K繼續說：「既然心心先把這件事公開講，又為什麼責怪妳公開地回應她呢？為什麼她可以做的事，妳卻不能做呢？更不要說這是個私下的讀書會，並不是所謂的公開場合。」

K的回應把我帶出心心視角的思考牢籠，看見事件的另一面，我雖然認同，但與高中同學優里撕破臉的慘痛經驗橫在那裡，讓我恐懼慘事會再度重演。同時我卻也很清楚，這是我第一次在向心心表達不舒服後面臨指責，若在這個時刻道歉，彷彿過往我這麼認真地重建對情緒的感知，也會變得毫無意義，我恐懼地問K：「如果我不道歉，跟心心的關係還會在嗎？」K微笑回我：「心心是個看重關係的人，不會因為衝突就離開。」但K也知道我需要經歷一次，才能相信關係不會因為這樣的衝突而斷製。

我需要經驗，學習保護自己的感受，學習在親密關係裡真實地表達自己，學習相信關係不會因為我的表達與衝突而斷裂。以往支持我這麼做的人是心心，但在與心心的衝突裡，我無法再依靠心心，若我沒有新的支持，或許我會撐不過那些自我懷疑，但K在此時撐住了我。道歉是解決衝突最快的方式，當一個人說我的行為傷害到他時，道歉可以解決我的內疚自責，可以恢復關係，但同時也把我在關係裡的委屈給否認掉。如果不為我的委屈說話，沒有人會為它們說話。**我需要學習與自己的感受站在一起，但同時我也需要其他關係的支持，才能在面臨關係可能斷裂時，還選擇堅定地表達自己。**

這是第一次心心沒有跟我站在一起。幾天後我們碰面講開了這個衝突，沒有爭論對錯，而是各自表述了在事件裡覺得受傷的地方。我們並沒有表達對對方的認同，沒有否定對方的感受，也沒有向彼此道歉。在這件事上，我們成為了平行線，沒有交集、但各自存在，只有確定彼此都還會再繼續待在關係中，雖然事件沒有結論地落幕了，卻在我心裡留下了深刻的意義。

這是我第一次在親密關係裡面臨指責，卻選擇捍衛自己的感受，且不收回我的表達。這也是第一次經歷到即使有這樣的衝突，即使我們並沒有彼此同意，但沒有任何一方因此想從關係裡撤離。我也因此可以稍微推翻自己原有的信念，**在關係裡的人不需要在每件事上都非得同意彼此，若是願意彼此接納與尊重，關係可以容納兩個人的聲音。表達自己的感受不會造成關係的斷裂，除非這段關係只允許一種聲音。**

30

哀悼

與我們所失去的好好道別

當傷痛在心裡刻下扭曲的信念時，我們需要創造新的經驗來建立新的信念，慢慢替換掉舊有的信念，但在這個過程裡，有時需要哀悼自己受過的傷。

哀悼使我們不再隱藏壓抑因傷痛而生的情緒，承認當時自己的傷痛、委屈或遺憾，理解傷害刻下的信念不是放諸四海皆準的鐵則，理解某些盼望終究無法達成。

哀悼使我們正視自己的痛、向傷痛告別、擁有力量走新的路。

常聽到一種說法：「事情都過去了，為什麼要再提起？」這個說法其實顯示出一種無可奈何。挖出來又怎樣呢？過去還能再重來嗎？難道要押著當初傷害我的人向我道歉嗎？為什麼要再提起來惹自己傷心呢？但這些被掩埋起來的創傷往往成為未爆彈，潛伏在生活中，並且因為我們對處理情緒沒有概念，即使發現到了潛藏的傷痛，也只能看一眼，茫然無措，只好痛哭一場，再埋回去。

處理情緒並不是改寫歷史，所受的傷也不是用究責或復仇來解決。

當我對自己的情緒感受越來越敏銳後，對人的狀況也看得比以前清楚，我因此想遠離一位曾經關係不錯的朋友。在看見她的諸多控制手段後，我理解她的生命議題不是我有力氣、有能力陪伴、有辦法進行有效溝通解決的。朋友察覺到我的遠離，開始試圖透過各種方式想把我抓回關係裡，無論是送零食、飲料、寫卡片討好，或是在背後向其他人哭訴，試圖離間我與其他朋友的關係。當她的行為越明顯，我心裡的恐懼就越深，我的內心開始演起小劇場，害怕她會不會偷偷跟蹤我，會不會暗地裡想做什麼。那天當我下班回到家裡，甚至恐懼到胃痛。

我知道自己的狀態不對勁，這份恐懼強烈到有點不合常理，於是我跟K說自己需要陪伴。K聚餐結束後急忙趕來，一邊陪我散步，一邊聽我說我的恐懼。我反覆地說著對對方的懼怕，以及在許多想像中她可能會做的事上。但檯面上風平浪靜，我也無法回應或處理，因而陷入焦慮之中。

K聽完了之後問我：「這個恐懼以前在其他事件有發生過嗎？」我想了一下，說：「先前交往的恐怖情人也讓我有這種恐懼，而且對方真的在暗地裡做了一些事來攻擊我。」但我隱約覺得恐怖情人並不會造成這麼強烈的恐懼，於是再更仔細往年幼的記憶追溯，回想看看是否有相像的恐懼感。突然，我想起了國小時，母親對我課業的高壓控制。當時母親買了非常多本評量自習，規定一頁沒寫完就打一下。習題對我來說沒有難度，光看題目就覺得無聊，明知道母親會拿著棍子來打我，腦中卻從來沒動過要寫評量的念頭。就這樣從小一打到小四，每兩天鄰居就會聽到我大哭求饒的聲音，直到我最後心死，也不求饒也不哭，只等著母親打完我離開，結束這個固定行程。

這個創傷在整理自己時已經處理過，包含理解母親的成長背景、當時可能有的焦慮，以及我因此產生的憤怒、對親密關係的恐懼等等，但我從來沒想過，依舊有未處理到的──對未知的恐懼。我知道母親每天晚上會拿著棍子進房間打我，但我不曉得會是什麼時間點，這是我阻止不了的痛苦。那深沉的無力感，伴隨著恐懼，刻進我的心裡，面對懷抱著惡意的他人，我是弱小的、沒有力量的、無法阻止的，只能等待恐怖的事發生、任人宰割。時至今日，我已年過三十，我已有能力自保與面對，但**面對這份恐懼，彷彿又回到七、八歲時的自己，這是自發性年齡退化**。

我把深埋心底多年的恐懼挖出來，感受到在那個年紀時尚無法理解的許多情緒與思緒，抓著K開始大哭，說出我的恐懼、焦慮，如何轉變成習慣性地摳手指，動輒摳到流血，二、三十年下來，指緣肉已長出一層厚厚的死皮。我哭著對K說：「為什麼明明最應該愛我的人，卻是這樣子對我？」

K陪著我流淚，默默地聽著，沒有說一句話。我從大哭到喘不過氣，到哭聲偶有停歇，到慢慢安靜下來，小聲抽泣，K抱著我，輕聲問：「如果耶穌在那裡，妳覺得祂會怎麼做？」我想起了我認識與經歷的耶穌，我知道祂會抱著我、陪著我流淚，我知道祂會希望我的心是溫暖的，不放棄對人、對愛的希望。沒有人能擁有完美的父母，我也不例外，但祂會陪著我療癒，面對這一切，就像祂如何帶領我從孤立的狀態走出來。我不是一個人在那間令人恐懼的房間裡，祂在，祂與我一起傷心，直到現在，祂都在。我感受到心底湧現的溫暖，又哭了起來，但與先前自憐與悲痛的哭泣不同，這份哭泣是因為心裡被溫暖與愛填滿而哭。

當傷口還在發炎、化膿時強行蓋上傷口，或許眼不見為淨，但蓋起來的傷口不會隨著時間產生任何變化，反而會因為偶爾碰觸到舊傷時的疼痛感，使我們行動變得僵硬。**處理傷口需要把傷痛掀開，掀開後疼痛會再次湧現，淚水是隨著傷口疼痛而必然會產生的，哀悼則是看見自己在當中的失落與哀痛。**我們悼念曾經渴望的關係、曾經期待的家人、朋友、伴侶甚至是自己，理解那些失去，理解在人的有限底下，無法被滿足的嚮往。當我們無法說再見、無法割捨掉那些渴望時，可能陷入憂鬱，但透過哀悼，慢慢地與所失去的道別。

哀悼的過程，我喜歡與人一起。**在安全的人身邊，述說心裡的懊悔或悲傷，一起紀念當時的痛苦與失去，在陪伴當中被給予的安慰與回饋，是對傷口最好的藥物。**這個過程可能會反覆好幾次，每當我又看見原來傷口還刻下另一條我沒發現的信念，以及那些信念背後的痛楚，我都為之哀悼。在哀悼中，我把積壓的情緒釋放出來、承認那些痛苦，與自己站在一起，就像把傷口裡的膿擠出來一樣。

哀悼後，我看見傷口影響的範圍、了解那些因創傷而形成的信念，並決定未來自己選擇相信的是什麼，努力尋找新的經驗來增強想相信的信念。我想相信現在的自己已經有能力面對未知的恐懼，當不好的事真的發生的時候，我可以向身邊的人求助，並且會有願意與我一起面對的人，我不再孤單、不再無力，我不是一個人。

我們無法選擇不要經歷創傷，不要碰見不好的人事物，但可以重新決定如何理解創傷，也可以把新的情緒帶進原本的創傷裡。曾看過一句話：「在關係裡受的傷，也要在關係裡被治癒。」上藥的過程固然疼痛無比，卻也有機會埋下很深的愛與陪伴，讓我們足以帶著走上新的旅程。

31

架構

人心如同人體，
有其結構、脈絡、紋理

當肚子痛時，醫生會問是哪種痛、痛在肚子的哪裡、之前吃了什麼，並由此推斷可能是哪裡出了問題，但我們對人、對心，卻很少有這麼普遍的關注與了解，以致於明明出了問題，卻不曉得問題來自哪裡。

如同人體有各種器官各司其職，人心也是如此，是由價值觀、自我價值、依附、信念、情感等各種面向組成的系統。

當我們具備理解人心的架構時，能更好地認識自己與認識別人。

年紀還小的時候，交往對我來說只是為了跟喜歡的人在一起，年紀漸長，交往時，還附帶了一個終極目標「結婚」。我不曉得符合什麼樣的標準可以決定進入婚姻，或許唯一的標準就是「沒有分手」「時間到了」以及「不排斥繼續走下去」，當時我對感情的理解是茫然的，直到開始整理自己以後，才逐漸有了比較清晰的概念。

我理解自己對關係最核心的渴望是進入親密，但親密不建立在聯絡的頻率，也不建立在肢體互動，而在於心與心的距離。攻擊與防衛都會使心難以靠近，但若要兩人都能在關係裡卸下攻擊與防衛，則需要安全與接納，以及足夠深度的自我了解，好讓彼此所揭露的是真實的自己，而非理想的樣貌，而且，自己所揭露的這份脆弱，還要能被對方穩穩地接住，不會因此被攻擊，這需要聆聽的人能理解心的價值，才能看見脆弱的寶貴之處，從而選擇溫柔對待。

跟K交往初期，有一次我們去看了電影，看完後我心裡其實有點混亂，但又說不出明確的感想，後面接著要一起去做其他事，我馬上跟K

說：「走吧！」但他說：「先不用急，我們可以在百貨公司裡轉一轉。」我困惑地問他是不是有什麼想買、想逛的？他搖頭說不是，只是覺得我好像心裡有什麼話想說，後面的事不急，我們可以消化一下電影帶來的情緒以後再離開。

這件事一直讓我印象深刻，卻說不上為什麼，直到後來我看了《童年情感忽視》這本書以後，才明白當時K是留意到了我的情緒。那股情緒並不強烈，甚至直接忽略，當場離開也不會怎麼樣，因為那正是我習慣的處理方式。但當K願意停下來陪我一起討論內心的感受時，我的情緒被溫柔地看見、對待了，因此讓我印象深刻。

在我不理解這些概念以前，交往就只是各式各樣的約會、看電影、吃美食、逛街出遊，我不明白該怎麼觀察對方，不明白關係裡缺少了什麼，也不明白相處中那些讓我不愉快的究竟是什麼，因為交往中的人看起來都在做一樣的事。但當我開始吸收相關知識、建立架構認識自己以後，才看懂這些對親密至關重要的特質。我的焦點從「事件（我們做了什麼事情）」轉移到「特質（我們怎麼對待彼此）」上，K或許無法明確說出這麼做的道理，卻真實地關懷與看重我的感受，連這麼隱微的情緒他都能感受，代表他對人、對關係，可以理解得很細緻深入，不會只停留在表面。

當K知道我很努力地透過各種書藉、課程、諮商在認識自己時，也主動提出希望可以了解這些內容。於是他也去上我上的課程、跟我的諮商師進行諮商、一起看相關的書籍，他說雖然不清楚自己是否有未知的議題要處理，但透過這些方式預先了解，總比未來在我們的關係裡突然爆炸來得好，在這過程裡，我們可以有共同的知識、語言，在溝通上會更省力。我明白他不是只想約會打發時間，而是看重我們的未來，因此一直在預備自己，也願意為此花時間。

交往時，我曾憂心忡忡地跟K提到當時我正在看的一本書《公主向前走》。故事開頭講到當公主遇到王子時，兩人的關係很美好，沒想到婚後，王子開始言語暴力，結婚越久，暴力程度越嚴重，直到後來公主放棄婚姻，回到娘家。看著我欲言又止的表情，K忍著笑，直到我說：「我們會不會也這樣？」他一臉料事如神地看著我說：「就知道妳會這樣想。」K沒有否認我的憂慮或是叫我不要想太多，而是認真地回應我的情緒。他問我，書裡有提到王子這麼做的原因嗎？我搖搖頭說沒有，公主後來踏上找回自己的道路，但一直沒有提到王子。我沉默了一下，把自己更深的恐懼跟K說：「我很怕有一天突然對你沒感覺了，因為以前我曾經這樣過。」K回我：「這不就是我們這麼努力地在整理自己，所要避免的嗎？**妳不是突然沒感覺了，而是在很多耗損底下，不知不覺把感情磨光了。所以我們才要努力地覺察自己的感受，並在發現到不舒服的時候，嘗試跟彼此溝通。**」

從當時一直到婚後，這都是我們兩人努力實踐的目標。我們學習對情緒敏感，學習將複雜的情緒化為語言，學習用對方能明白的方式表達自己在意的事情。如果沒有前期這些知識的建立，或許發生感情問題時，也只能將原因歸咎在「磁場不對」「沒有緣分」「個性不合」。但當我**明白怎麼看見一個人的特質與心以後，不再需要用排場、禮物、紀念日來衡量對**

方的用心與否，我開始能夠看懂彼此的差異，以及帶來的影響，並為此預備。

《公主向前走》雖然再也沒有提到王子，但書的結尾有一段內容我很喜歡：

「公主深深地嘆了一口氣，說：『真好笑，我一生中一直夢想能找到真愛，但我現在才了解，我甚至連真愛是什麼都不知道。』醫生回應：『這也就是為什麼妳一直找不到真愛。除非一個人真正了解他所尋求的東西，否則他永遠無法得到他所尋求的。』」

在交往的過程裡，我透過這許多事看見K的特質，並明白他是能夠，也願意和我一起努力走向親密的人。在某天晚餐後的散步，K向我求婚，我欣然同意。

小練習

當我們只是被動吸收知識時，很容易看完就忘，但若需要分享當中讓我們印象深刻的，我們會停下來思考，把所聽到的內容一一回放，從中選出對自己有意義的，再講述出來。這個過程會有助於我們記起所看過的內容，並且化為自己的言語，真正吸收進來。

那麼，這本書看到現在，請說說讓你印象深刻的內容或概念是什麼，以及為什麼你會印象深刻。歡迎私訊到我的臉書粉專「巴小波」，向我分享你的答案。

32

代間傳遞

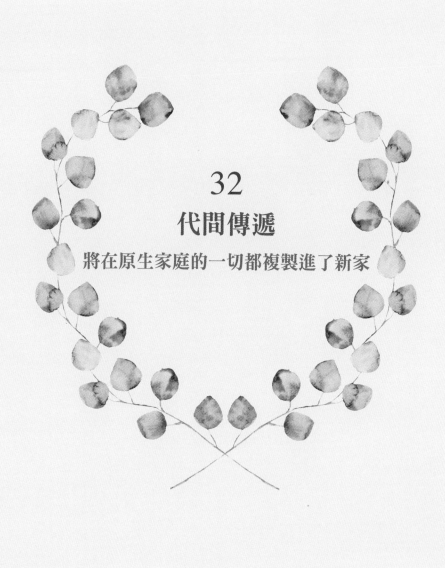

將在原生家庭的一切都複製進了新家

我們在原生家庭學習、看到的，會成為習慣的模式，將此複製起來，延續到我們所成立的新家，如此一代一代地傳遞下去，就是代間傳遞。

這包含夫妻的權力平衡、男女角色樣貌、溝通模式、婚姻狀態等在原生家庭裡會形成與雕塑的一切。

做為生命成長的起點，原生家庭的影響深入骨髓、無遠弗屆，但往往很少被覺知。這些影響常常成為許多反應與思考的「預設」，我們卻從來沒有質疑過這些預設的合理性與真實性。又或者我們意識到一些原生家庭較為明顯的影響，並在那些方面刻意避免步上同樣的模式，便滿足地認為自己已擺脫原生家庭的影響，而不再持續探究，並客觀審視自己在各個方面的行為模式可能還深受影響。當我在決定與K交往時，覺察到原生家庭的父親形象如何影響我選擇伴侶，卻沒發現原生家庭的影響絕不僅止於此。

我和K都很有意識地理解自己的情緒與需要，在表達上也都是比較內斂的人，因此交往以來很少起衝突，沒想到卻在開始準備結婚時，在一個細微的地方起了一場交往以來最嚴重的衝突。

我的工作常執行各種活動專案，對婚禮諸多執行細節並不太陌生，因此在籌備過程裡常增加工作項目，K雖然大多支持我的各種想法，但因為我而增加的執行項目，卻對少有相關經驗的K造成壓力。

在我們討論到教會婚禮程序單時，就產生了衝突。

在教會結婚需要準備結婚感恩禮拜的程序單，讓大家知道儀式流程、經文歌詞等等。程序單分為公版與自製，公版的設計是以二、三十年前文字藝術師的美感，搭配各種花類寫真照做襯底背景的現成紙張，我們購買需要的數量，再排版文字內容拿去列印即可；自製則需要生出圖片、設計、排版、找廠商印刷。當時我們已經請K的朋友為我們繪製婚禮使用的主視覺，自製因此增加的工作量則是請繪者設計程序單與文字排版，並且在送印時，需考量選擇的紙張以及最小印量的問題。

我跟K說我想自製，因為公版都是大花照；K說又還沒看過公版，可能有好看的，然後舉例曾看過的哪些婚禮程序單不錯。我開始覺得委屈，再提出不要用公版的原因；K也繼續反擊說公版沒那麼差、自製會增加工作量。最後我沉默了，K才發現我在生氣，他也因此生氣，兩個人都不再講話，各自回家。

隔天碰面時，兩人都還是氣噗噗的，但有共識必須要談談這個爭執，因此一肚子氣地坐下來，我不想講話，於是K先開口——還是在講公版的好處，並抱怨我昨天講到後來就不再回應。我聽了更生氣，嘴巴閉緊緊，一句話都不想說，K冷冷地說：「妳又生氣了。」當時覺得K指責我沒有溝通的誠意，我幾乎想立刻起身離開，但明白這無法解決溝通的僵局，只能氣憤地繼續坐在位置上。

兩人沉默了好一陣子，最後我硬逼自己擠出一句話：「你就是想要公版。」K否認，表示我一直想自製的好處，但他覺得公版也有好處，需要提出來一起討論，我因此嗅出了一點彼此在溝通上的差異。在我所處的環境裡，如果一個人一直鼓吹某個選項的好處，就代表他支持那個選項。聽懂暗示的其他人若支持就開口表態，不支持就沉默，以避免衝突。這是我長久以來習慣的溝通方式，但這不是K的溝通方式，他認為檯面上的選項都應該好壞並陳，才能公平地進行討論與選擇，因此當我一直說自製很好時，他需要把公版搬上來，否則就是件沒經過討論就決定的事情。當我認為K一直在說公版的好處就代表他支持公版時，他其實只是希望能持平討論，沒有非要什麼不可。

弄清楚K的態度以後我安心了一點，也同意之後可以一起去店面看看公版，是否有兩人都買單的設計。雖然還是有點悶悶不樂，但兩人達成共識，也就原地解散了。回家後，我想起當天K的溝通態度就越想越氣，我在生氣時的退縮與委屈反被用嘲諷的態度指責，讓我覺得不被尊重，在當中也感受不到愛。隔天我再找K討論了過程中的態度，我們才首次正視到溝通模式的問題。

我們交往後一起參加教會的婚前輔導，幫助了解兩人在關係裡的各種樣貌及其原因，好預先知道可能會在哪些議題上起衝突，其中一個主題是探討原生家庭的溝通模式。課程要我們先寫下原生家庭中父母的溝通模式，通常由哪方起頭、怎麼起頭、另一方如何回應、回應後又是怎麼被回應的。在我的原生家庭，常看到是父親憤怒控訴母親後，母親沉默、一語不發，或許父親會再繼續責怪母親，但母親始終不回應，直到事情落幕。這也是我所學到的溝通模式：一語不發，直到風暴結束。

當K強烈地想把公版搬出來討論時，我覺得自己的意見被否定了，於是我沉默以對，但對K來說這只是正常討論，我卻突然生氣、拒絕溝通，而且當他指出這個狀況時，我卻反過來控訴是他造成的，讓他覺得很震驚，也覺得被誤解，因此氣憤嘲諷我的回應方式，但同時他的反應也是從原生家庭學習而來。我們討論了為什麼我很習慣於「聽暗示」，以及K想聽到我的想法、想知道我的回應，與我長期以來對人形成「他們只是想發洩情緒，根本沒有想要聽我的意見與感受」這個信念完全相反。

這些信念與溝通模式都是從原生家庭而來，在我覺察之前，從未意識到自己的信念或許符合我的成長環境，卻不適用在和其他人的關係中，尤其是與K的關係。當我受困於此時，我與K同時都成了受害者。我認為K要用他的意見碾壓我，而他則無端被我安上了一個他不認同的罪名。

當我明白這些的瞬間，我看見自己在複製母親的溝通模式，但我不是母親，K也不是我的父親。若不是K一再要我回應，我恐怕無從認知這段自動化的歷程是怎麼發動的，也不會看見自己原來連溝通模式都自原生家庭承襲而來。

儘管在那次衝突之後，我就意識到自己的溝通模式是如此，卻也無法在後來的每一次溝通裡，快速地開口表達自己的想法。但K已經明白我的狀況，每當我閉口不言時，他會告訴我他想聽我的想法，要我回應他。他表達的時候口氣不一定好，我每次開口都感受到違反慣性的艱難，但我們都願意為彼此努力。在這過程裡，我更深刻地看見K願意陪我一起面對屬於我的議題，即使那需要他停下來，留意我的狀況，並為此付上代價。

有人說「幸運的人用童年治癒一生、不幸的人用一生治癒童年」，這句話我聽來有些絕望，**畢竟我們無法選擇原生家庭，但每個人總會背負原生家庭的影響，而在這句話的邏輯下，我們天生就成為不幸的人。可是每當身邊有願意陪伴我一同面對過去的人時，在當中他們對我展現的愛與接納，卻讓我覺得自己實在是個幸運無比的人。**我珍惜這些因傷而脆弱的時刻，珍惜被人珍惜的時刻，若不是那些傷、那些影響，或許我無法深刻地感受與明白自己所收到的愛，因此那些傷究竟是幸或是不幸呢？我想兩者應該都是。

33

親密

無須遮掩，讓心與心真實靠近

當兩個人彼此能分享最深的思緒、想法、情感，並沒有太多的攻擊、防衛、比較、判斷時，這樣的關係便擁有足夠的親密。

親密並不一定只存在於感情關係中，家人、朋友、婚姻，只要彼此能夠敞開透明，那就是親密。

原先我認為自己是一個不斷追求愛的人，但後來我發現「愛」是個籠統的說法，因為每個人透過愛，想要滿足的需求都不一樣的。我在一個強調獨立自主的家庭裡長大，始終覺得孤單，因此從很小的時候，我就不斷陷入找尋單戀對象的迴圈中，渴望找到歸屬。但在談過一些戀愛後，我發現自己渴望的似乎不只是彼此歸屬，因為即使我有一個這樣的對象，仍然會覺得孤單、空虛，最後才發現我渴望的其實是親密。

親密是心與心的靠近，彼此的心能沒有遮掩地安放在關係中，安心分享情感、想法，但當我試圖要在與好友心心的關係中嘗試時，卻遭遇了極大的困難。我以為我展現了自己，但一旦將我對自己的認知放在關係裡檢驗，才發現很多並非事實。同時也發現過去在關係裡受的傷也一再阻止自己進入親密，無論是我因此產生的窒息感、對對方行為與期待的誤判、把自己的真實感受表達出來的恐懼。

我想尋找的是親密，但我卻反過來需要面對自己，因為發現當我對自己感到陌生時，我也無法將真實的自己帶進關係、真實地被他人陪伴。

婚後有一段時間我非常沉迷於手遊，幾乎到了只要有時間就會玩的程度，雖然我也覺得自己好像玩太凶了，但畢竟是在家的空閒時間，我不以為意，直到有次K嚴正地跟我抗議。

K說他覺得很孤單。

我聽了覺得不可置信，明明結婚了，相處時間跟以前比起來變得非常多，但K卻說他覺得孤單，這是什麼道理？K接續說，他很努力在找話題，但話題結束後，我就馬上低頭繼續滑手機。正想開口反駁的我突然想到當晚K跟我分享，從高處倒啤酒進杯子裡會變美味，他還興沖沖地買了啤酒，拉著我一起實驗，我品嘗完以後確實驚訝竟然有這麼大的差別，然後就低頭繼續玩手遊……我好像有點懂他在說什麼了。

我處在被丈夫抱怨的羞恥感中，極力想否認，或想用他太敏感、需求太高來攻擊他，但我沒有這麼做，而是回想玩手遊時的情緒：我並不享受遊戲過程，反而是感到焦慮的。我全神貫注地要在遊戲關卡裡拿高分，但每次點選關卡時，我卻厭煩無比，每天不斷反覆焦慮厭煩與緊張刺激兩種情緒裡，直到入睡，我突然發現這個行為不對勁。

左思右想，我想不到任何情緒的來源。當時我們才剛新婚幾個月、感情很好，無論朋友或教會都沒有發生任何讓我不開心的事，工作也已經做了三、四年，薪資高、職位好。我為此困惑了幾天，直到有一天在工作時，我突然感受到那股熟悉的焦慮與煩悶感，才明白自己沉迷於手遊的原因。

我一直把自我價值跟工作表現綁在一起，因此，當我沒辦法在工作上有太多發揮時，我陷入低潮。那曾是個可以盡情發揮的位置，公司肯給資源、主管肯放手、新創品牌沒包袱，我集結過往在各個行銷領域累積的經驗，跟團隊一起把品牌從無到有地建立起來。但同時集團內部政治逐漸往臺灣伸手，主管換人以後，團隊氛圍澈底變調，曾經享受的工作崗位，如今窒息感越來越重，我成了一個無能為力的小螺絲釘，只被期待完成上面交辦的任務，不需要也不能夠再多做什麼。

那天我回到家，跟K說我的發現，講著講著，眼淚就掉了下來。為了躲避工作上的無力感，我把自己投入到手遊世界裡，封閉對情緒的感知，連帶把K逐出內心世界，因為連我都不想待在裡面。我的逃避沒有經過意識層面決定，在K逼著我面對後，才感受到心裡波濤洶湧的情緒，哭著跟K說：「我好廢，不會有公司要像我這麼廢的人！」K回我：「如果一家餐廳花錢請大廚來洗碗，妳覺得是大廚很廢嗎？」K輕輕地把我抱在懷裡，我大哭，哭曾經喜愛的工作、曾一起打拚的團隊，原來早就消失了。那天以後，我知道我該離開了，手遊時間也回復正常。

當我逃避面對自己時，也會阻止別人看見我，在那樣的狀態下，親密無法存在，因為真正的我並不在關係裡。但當我把自己找回來、帶進關係中，我才開始被陪伴，親密也才開始發生。**一切的親密，需要從與自己的親密開始，而情緒是關鍵，因為那些被我壓抑、否認的自己都藏在情緒裡。當我正視那些隱微細小的情緒時，我找回了自己。**

找回自己是個需要一再經歷的歷程，每次我找回拼圖中的一小塊，逐漸蒐集才能拼湊出一個大概的輪廓，而找回來的也有可能再次失去，因為我對待自己的方式不總是那麼友善：習慣用嚴厲的態度面對未達標準的自己，或是逃避那些我難以處理的情緒，這些都會導致我與自己連結的斷裂。

愛我的人擁抱了這樣的我，向我展示我可以如何溫柔地接納自己，讓我在許多的相處中，學習把心裡那個挑剔又嚴厲的自己慢慢養成溫良仁厚的大人。我內化他們對待我的態度，即使他們沒有在身邊陪伴，我仍然盡量對自己良善，減少像過去一樣，用殘忍冷酷的話語把自己逼到角落。這些別人對我的、我對自己的陪伴，成為了生命的養分，讓我能溫和地滋養自己。**當我學習如何愛自己，也學會了好好對待別人。**

從前我一心想找「對的人」，但其實我沒有照顧好自己，反而把照顧自己的期望推到別人身上。當我走在學習親密的道路上，為未來的關係預備時，才發現沒有人能代替我照顧自己，那個對的人，本就應該是我自己。

而一切的親密，都需要先從與自己的親密開始。

後記

K

剛跟巴小波變熟的時候，發現跟她的話題中關於認識自己的情緒以及自我成長的部分，我非常不熟悉。為了跟她有更多共同的話題，我也去上她推薦的課程以及讀相關的書。經過一陣子的學習以及討論，發現更認識、理解自己，對於各種面向是非常有幫助的：知道哪些部分是我過往傷痛造成的議題，就比較不會把問題怪罪到外部環境；知道自己可以如何去調整，避免一直處在同樣的問題處境之中；尤其是在人際關係上，有意識地調整一些相處時的慣性，可以經歷到不同以往的正向回應，然後在這過程之中，會慢慢地讓之前受傷的部分被療癒。

很感恩的是，我跟巴小波在進入婚姻時，已經有一些整理自我、認識自己的歷程，這對婚後遇到衝突時的溝通很有幫助。

婚後不久，有一段時間，巴小波玩手機的時間越來越長，到後來幾乎是一有機會就會拿起手機的地步，導致我們在生活中幾乎沒有互動。我不是很喜歡這樣的狀態。

我知道自己在關係中，習慣擔負起照顧者的角色，會傾向討好對方，容易忽略自己的需要。所以我這次嘗試不因為猜測她需要釋放壓力，就無視自己的不舒服，仔細感受我的情緒之後，我發現那個感覺比較像是孤獨，雖然跟她處在同一個空間，但卻不覺得我們在一起。

我想跟巴小波表達我的感覺，但卻極度害怕。一方面譴責自己，認為「她已經很有壓力了，我怎麼不安靜地做個支持的另一半就好，還拿這個去煩她。」另一方面是根據我過往的經驗，即便講出來了，通常也不會有好的結果，對方反而會認為我在指責她，然後更加激烈地反彈，導致吵得不可開交。

我一直在思考怎麼講才能讓巴小波理解我不是在指責，而是在陳述目前這個狀態下我的感受。醞釀了好幾天以後，終於找到一個機會開口，一開始果然是有點反彈，但我因為已經觀察了很久，在我指證歷歷的情況下，她滿快就承認自己花了很多時間在手機上。承認之後，她沉默了好一陣子，原本我以為接下來就會像以前一樣，是開始算舊帳大吵的前兆。沒想到她並沒有跟我吵架，而是嘗試細細地感受自己處於什麼樣的情緒，讓她一直想要玩手機逃離。感受自己累積已久的情緒，甚至找出原因，是很需要時間的，當下我們並沒有辦法明確地找到原因或是解決辦法，只是訴說各自的難受並且傾聽彼此。

但我如釋重負，原來表達出我的難過，不一定會像我以為的那樣大吵一架，讓我們的關係更加疏離。反而讓我們可以好好地與彼此對談，原因或解決方法或許在未來仍需要時間去面對，但在那個當下其實並不是重點。觸碰到對方心中的難受，然後同理並且好好地與彼此相處，使得與對方更加靠近。

這對我來說是極大的療癒，明白原來她是重視我的需求的，原來我可以對她說出我的感受。後來還是有類似的情況，巴小波又跑到手機或是別的世界逃離壓力（人的慣性並不可能說變就變），但我對於面對這樣的情況卻是越來越能感到安心，因為我知道我的難過是可以跟巴小波訴說的，我們可以越快回到關係的平衡。

整理自己是個痛苦又漫長的路程。相信大家看到這裡已經可以理解，這過程有點像是把一個已經結痂的傷口剝開、清出底下的化膿、重新敷上藥再包紮，然後期待傷口下次可以復原地更好。

我很佩服巴小波在這一條路上，不只很努力地認識自己，也把這個歷程記錄下來。我相信這些紀錄對願意一起走上這條認識自己的路的人來說，是很寶貴的經驗。但同樣的，我也擔心這對巴小波來說，是把自己的舊傷攤在大家面前，若有人惡意拿著這些經驗來攻擊她，對她的傷害是更大的，她願意把自己的故事跟大家分享，是件很需要勇氣的事。

當初若不是巴小波願意鼓起勇氣跟我分享她的感受，我也願意跟她分享我的，且我們都願意傾聽對方，我們的關係就很難再更進一步。

在生活中有能夠彼此分享，觸碰對方深層的情緒感受以及想法的同伴，是一件很難能可貴的事。而當這樣的人出現後，要能夠持續維持這樣的關係，又是另一件非常艱難的挑戰。在過往失敗的關係經驗中，我曾經認為「我裡面有東西把別人嚇跑了」，是透過梳理自己的情緒、想法，了解自己的狀況，才慢慢能夠在溝通中減少用傷害別人的方式表達，學習嘗試傾聽、同理對方、接住對方的情緒。只是人心既巧妙又複雜，直到如今仍然在學習中。

希望大家都能珍惜可以向他好好訴說自己的感受，而對方也能好好接住自己情緒的對象。

附錄　情緒輪盤

精神科醫師葛若麗亞．威爾寇斯（Gloria Willcox）所發展設計的情緒輪盤，在我們對情緒還不熟悉時，是很好的幫助。情緒輪盤分為六大主要情緒，並從主要情緒延伸出各六種可能的次要情緒，以及相關的狀態。例如當自己感到生氣時，可能是因為某些事而感到受傷，並在受傷的狀態下，會表現出對事物的冷淡與漠不關心。

我們可以確認自己心中情緒的正負向，再往下感受可能是哪種主要情緒，並在相關的次要情緒裡繼續核對更深的情緒，協助自己察覺更細微的情緒，同時為情緒命名；也可以反過來，察看自己的狀態比較像表格中的哪個狀態，往回推到可能擁有的情緒有哪些，例如在理解到自己覺得孤單時，可以明白那背後可能同時也有悲傷。

主要情緒		可能的次要情緒	目前的狀態
負向	悲傷 (Sad)	疲倦 (Tired)	想睡 (Sleepy)
		無聊 (Bored)	麻木冷漠 (Apathetic)
		孤單 (Lonely)	被孤立 (Isolated)
		憂鬱 (Depressed)	內向被動 (Inferior)
		丟臉羞愧 (Ashamed)	自覺愚蠢 (Stupid)
		罪惡感 (Guilty)	自責 (Remorseful)
	生氣 (Mad)	受傷 (Hurt)	冷淡 (Distant)
		敵視 (Hostile)	酸言酸語 (Sarcastic)
		憤怒 (Angry)	挫折 (Frustrated)
		自私 (Selfish)	嫉妒 (Jealous)
		可恨 (Hateful)	惱怒 (Irritated)
		挑剔 (Critical)	懷疑 (Sceptical)
	害怕 (Scared)	困惑 (Confused)	六神無主 (Bewildered)
		受拒 (Rejected)	氣餒 (Discouraged)
		無助 (Helpless)	渺小 (Insignificant)
		消極 (Submissive)	自卑 (Inadequate)
		不安 (Insecure)	尷尬 (Embarrassed)
		焦慮 (Anxious)	不知所措 (Overwhelmed)
正向	喜悅 (Joyful)	興奮 (Excited)	大膽勇敢 (Daring)
		感性 (Sensuous)	著迷 (Fascinating)
		積極 (Energetic)	刺激振奮 (Stimulating)
		愉悅 (Cheerful)	有趣 (Amused)
		活力 (Creative)	好玩愛鬧 (Playful)
		有盼望 (Hopeful)	樂觀 (Optimistic)
	有力 (Powerful)	覺察 (Aware)	驚訝 (Surprised)
		驕傲 (Proud)	成功完滿 (Successful)
		被尊重 (Respected)	值得 (Worthwhile)
		被賞識 (Appreciated)	珍貴 (Valuable)
		被重視 (Important)	敏銳 (Discerning)
		忠誠 (Faithful)	自信 (Confident)
	平靜 (Peaceful)	滋養富足 (Nurturing)	感恩 (Thankful)
		信任 (Trusting)	安全 (Secure)
		幸福 (Loving)	平靜 (Serene)
		親密 (Intimate)	溫暖 (Responsive)
		體貼 (Thoughtful)	沉靜 (Pensive)
		滿足 (Content)	放鬆 (Relaxed)

註：

1. 原設計為輪盤狀，將主要情緒放在核心，一路往外延伸至呈現的狀態，較符合情緒發展的概念，但因在檢閱上較不便，因此我將輪盤改為表格，最核心的主要情緒則放在最左側，一路往右延伸。
2. 這張表格無法表列所有情緒，且中英文的情緒辭彙有一定程度的差異，僅供大家透過這個概念，能有些線索找到相關情緒。
3. 主要情緒與次要情緒的從屬不一定會完全與表格內一致，例如生氣也有可能是因為孤單、覺得被拒絕時也有可能導致悲傷，表格只是給予一個可延伸的方向，而非絕對如此。

Eurasian Publishing Group
圓神出版事業機構
用心與你對話・網野無限寬廣
圓神出版社
Eurasian Press
www.booklife.com.tw
reader@mail.eurasian.com.tw
勵志書系 159

找回自己，找回親密

作　　者／巴小波
發 行 人／簡志忠
出 版 者／圓神出版社有限公司
地　　址／臺北市南京東路四段 50 號 6 樓之 1
電　　話／（02）2579-6600・2579-8800・2570-3939
傳　　真／（02）2579-0338・2577-3220・2570-3636
副 社 長／陳秋月
主　　編／賴真真
專案企畫／沈蕙婷
責任編輯／歐玟秀
校　　對／歐玟秀・林振宏
美術編輯／李家宜
行銷企畫／陳禹伶・林雅雯
印務統籌／劉鳳剛・高榮祥
監　　印／高榮祥
排　　版／莊寶鈴
經 銷 商／叩應股份有限公司
郵撥帳號／ 18707239
法律顧問／圓神出版事業機構法律顧問　蕭雄淋律師
印　　刷／祥峰印刷廠
2023 年 9 月　初版

定價 340 元
ISBN 978-986-133-893-4

親密並不一定只存在於感情關係中，家人、朋友、婚姻，只要彼此能夠敞開透明，那就是親密。

——《找回自己，找回親密》

國家圖書館出版品預行編目資料

找回自己，找回親密／巴小波著；-- 初版 -- 臺北市：圓神出版社有限公司, 2023.09
272 面；14.8×20.8公分 --（勵志書系；159）

ISBN 978-986-133-893-4（平裝）
1.CST：生活指導 2.CST：自我實現 3.CST: 情感轉化
177.2 112011808